微相

妙手修古书

王岚 —— 著·绘

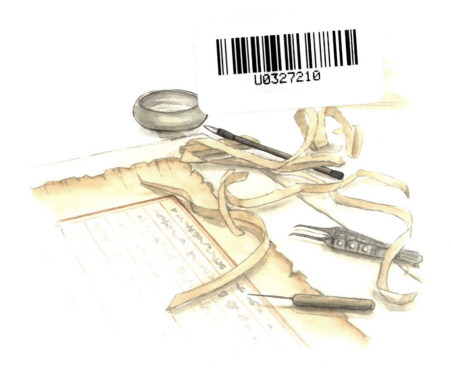

北京大学出版社
PEKING UNIVERSITY PRESS

图书在版编目（CIP）数据

微相入：妙手修古书 / 王岚著、绘. -- 北京：北京大学出版社，2025.1. -- ISBN 978-7-301-35636-4

Ⅰ. G253.6

中国国家版本馆CIP数据核字第2024EL3805号

书　　　名	微相入：妙手修古书 WEIXIANGRU: MIAOSHOU XIU GUSHU
著作责任者	王岚　著/绘
责 任 编 辑	王应
标 准 书 号	ISBN 978-7-301-35636-4
出 版 发 行	北京大学出版社
地　　　址	北京市海淀区成府路205号　100871
网　　　址	http://www.pup.cn　　新浪微博：@北京大学出版社
电 子 邮 箱	编辑部 dj@pup.cn　总编室 zpup@pup.cn
电　　　话	邮购部 010-62752015　发行部 010-62750672 编辑部 010-62756694
印 刷 者	北京宏伟双华印刷有限公司
经 销 者	新华书店 880毫米×1230毫米　32开本　12印张　230千字 2025年1月第1版　2025年1月第1次印刷
定　　　价	88.00元

未经许可，不得以任何方式复制或抄袭本书之部分或全部内容。
版权所有，侵权必究
举报电话：010-62752024　电子邮箱：fd@pup.cn
图书如有印装质量问题，请与出版部联系，电话：010-62756370

念念纸上光阴

修书,慢慢补,一晃,过了十六年。

我翻捡与残书破卷相对的日常,颉取零散感悟,辅以浅淡的文字和插图,在此用散文的方式,向您讲一讲古籍修复这个古老而小众的行业。

修书人,是我国传统手工从业者中的一员。过去,售卖书籍的书肆、书坊和字画装裱店兼做修书生意。新中国成立后,拥有一定古籍藏量的博物馆、图书馆专设有修书岗位。而在台湾地区,修古籍的人也被称为"书医生"。

2007年,《国务院办公厅关于进一步加强古籍保护工作的意见》(国办发〔2007〕6号)发布,提出在"十一五"期间大力实施"中华古籍保护计划",于全国范围内开展古籍文献普查,这一举措推动了古籍修复工作的发展,古籍修复渐为人知。我们修书的方法至今仍遵循着一千四百多年前北魏贾思勰《齐民要术》中的记载:

> 书有毁裂……裂薄纸如薤叶以补织,微相入,殆无际会,自非向明举而看之,略不觉补。

意思是说，撕出如薤叶般窄小的纸条，用以修补书中断裂。"微相入"一词精辟、准确地描述了补纸与书页粘接、微微相搭的状态，修补痕迹难以察觉，体现出精细入微的操作，与今日文物修复理念中所倡导的修旧如旧和最小干预原则亦相契合。

基于个人对"微相入"的偏爱，以及编辑老师的建议，最终以此作为书名，并诚邀国家博物馆纸质文物修复师、青年书法家刘剑辉老师润笔题写，感谢同行友人遒劲有力的墨宝，令小书增添不少光彩。

用散文写修古籍，是一次忐忑的尝试。对于一个动手修书的人来说，动笔写作并非长项，欲将思绪诉诸笔端，必定有个缘由。

书中第一篇文章写于2020年，这是新冠疫情爆发初年。断断续续的停工打乱了正常生活，持续居家，让我无法按时到单位整理尚未修完的书页。也是在这段时间里，忽然发现，长时间不修书，心里竟有小小的失落感。时常想起古籍的破败模样，担心临走时没压平的书页会起皱，或有些书页压太久致使纸张涨开，难以复原。不知这算不算犯职业病？

那段时间，常翻看以前的修复档案，回忆之余，凭借一点艺术生的功底，尝试用水彩描绘修书工作，慰藉自己的想念之情，这便是我画古籍修复的缘起。

待小画攒多了，再配图写文，慢慢地以这种形式记录工作。感谢北大出版社帮我将一篇篇小文汇聚成书。

围绕古籍文献的保护与修复，我想从劫、器、纸、修、缘五个方面分别讲述破损原因、修复工具、修复用纸、修书方法和古籍保护相关文化、修护理念等。

修书是手工劳动，需要有较强的动手能力和专业工具，像裁纸用的竹启子、扎书眼定位用的针锥等多为修复师自制，有时作为礼物互赠。我珍藏的一把竹启子是由中国书店徐晓静老师亲手削制，柄部缀有金色流苏和小巧的象牙扣，极富女性审美意趣，于实用性之外，也纪念着同行之间的交往和友谊。

修书离不开用纸，传统手工纸是重要的修复材料，我们在纸库中搜寻适宜的补纸，偶尔也实地走访学习。其中两篇以游记方式写下在造纸坊的见闻：一是云南丽江古城看东巴纸制作，一是安徽泾县悟草阁参观加工纸染色。传统造纸与修书一样，主要依靠人工操作，至今依然记得剥取东巴纸原料荛花茎皮上杂质的单调枯燥，亲历过了造纸，才真正理解手工匠人的辛苦和片纸皆要珍惜的意义。

还有一篇关于旧书残纸的小文，源于某日整理纸库，本着修书人这也不扔那也不扔的习惯，整理后，反倒多出几箱又破又烂的纸无处安放，许多纸还是上世纪80年代留下的（老师傅们同样是这也不扔那也不扔）。由此想到积压旧纸的安置问题和古人焚烧处理废弃旧字纸的惜字亭。

科技发展日新月异，修复技艺虽一直遵循传统，但修复理念却要与时俱进，不断变化。以前补书页要求画栏补字，现如今已不再施行。主要是无法确保所补文字的准确性，如贸然补缺文字，或会给未来鉴定工作带来干扰，因此修复中必须做到最小干预。

我国历史悠久，古籍文献存量巨大，经常出现在新闻报道里的宋元善本、内府珍本尚属价值顶尖的少部分，我们平日修复的书多以清末普通古籍为主，书体病害形形色色。《开卷有残——简简单单修册书》一文里提到一些破损并不很严重的修复案例，是单位曾集中一批古籍做数字化扫描时陆续发现的问题，这些书因须及时归还，要求修复快速且不能拆书，一下子增加了工作强度，对修复人员的处理能力是一种挑战，不禁让我想起医院的急诊科。修完后，写下小文作为总结，给日后工作留个参考。

在以往古籍类文章中，通常将"书页"写作"书叶"，"页"与"叶"通用，是历史文献行业心照不宣的惯例，考虑本书是面向大众的普及读物，还依一般阅读习惯，都写作"书页"。关于这两个词的演变，在讲述古籍装具的文章里我做了一个短小的解释，是根据李计伟《类型学视野下汉语名量词形成机制研究》中关于"书叶从唐代开始具有书页的名词意义"的考证而来，旨在给读者作为参考，两个词汇的关系和历史渊源有待继续商榷。

古籍修复与古籍版本鉴定同属古籍保护工作范畴，但二者研究方向不同。版本专家通过文字资料研究文献的史料价值；修复师则更关注纸张、装帧和修复技法，在尊重历史，遵守修复原则的前提下，对书体损伤进行评估和干预。古籍修复人员如同一个传递者，修复破损古籍，是为将其完好地交递给下一个时代。

修书的技法由一整套工序组成，除补书页之外还有洗书、装订等繁简不一的步骤，我担心自己把修书体验一不小心写成操作手册，故而根据文献背后的历史穿插讲述了一些文化典故，以求增加可读性。书中大量插图是我亲手绘制，绘画的过程就像是把喜欢的事物在心里又强调了一遍，从而让这份喜爱变得更加坚定，也让文字看起来不那么乏味。不过修书匠的水平有限，书中内容尚有不足。不久前，向南京大学古籍修复专家邱晓刚老师请教，才知道因南方潮湿多雨，糨糊在调制、保存方面和干燥寒冷的北方有些许区别，长居北方的我虽修书十余年，专业方面仍有孤陋寡闻之处，手艺这一行当永远学无止境。写作此书，仅为传达古籍修复的常识性知识，展示一点古籍修复工作的真实情况，解答大众普遍问题，望借此引起读者朋友们对于中华古籍文献保护的关注和兴趣。

小书顺利出版，离不开师友和家人们的帮助。撰写期间，得到杜伟生老师、万群老师及许多业内前辈们的鼓励，雕刻藏书票时我多次向版画家韩宁请教。并特别感谢我的同行好友：国家图书馆田婷婷、中国书店徐晓静、北师大图书馆葛瑞华一直给予我的支持，她们都是我的榜样，也是让我对工作保持热情的动力。感谢我的爱人和妈妈，经常主动帮忙带孩子，才让我有时间写写画画。

絮絮叨叨修书感言，回过头来，继续修书的本职工作。这项运于指间的劳作其实无比平凡。唯有书中霉蚀、粉尘、酸化、残缺陪伴着每一位修书人的静坐时光，重复不断地掸尘、补破和粘接，只为古籍续接一段光阴尚存。

日子一天天过去，寂寞在这里，乐趣也在这里。

王　岚
二〇二四年八月二十日

目 录

劫

累劫的次第·古籍的遗散与破损 / 3

上篇：书的散佚 / 4
锦灰烟里叹一炬，霉洇尘起剩三分

下篇：纸的浩劫 / 16
圣贤文中品有道，蠹鱼洞里念无常

器

糨糊小记 / 41
净粉搅作凝团雪，拈来拼补旧时光

竹制神器 / 59
青节凌风玉竿长，劈刃犹能裁纸方

江湖里有刀光针影 / 71
刀光行处见丹心，针定乾坤立方寸

纸

修书·宣纸 / 97
裂帛零落寄无凭,漫寻仙衣连断续

古道丽江·遇见东巴纸 / 109
斫枝剥叶历水火,别转花溪迎神来

还君一抹太平蓝 / 131
重重蓝叶轻露晚,染上云间不尽年

千秋岁月·染成一纸帝王黄 / 147
荣华一展金耀日,浮云吹却梦黄粱

一箱旧纸 / 173
断编舒卷无暇事,残墨不语记春秋

修

开卷有残·简简单单修册书 / 195
小摘幽兰插玉蜍，案头无事理残书

过水涤尘——洗书叶 / 215
一分光阴添旧色，半池浅水洗书痕

京抄旧存·修复古报纸 / 241
新声旧闻言戚戚，片纸流光度年年

青泥赤印几人家 / 257
悠悠草木人间事，散向黄沙一缕风

缘

且留古韵继书香——且收 / 279
一纸翩然记风雨,又裁云霞作锦衣

且留古韵继书香——且展 / 299
细细风凉晴日晚,吹醒诗花又一章

且留古韵继书香——且修 / 319
漫扫纸上烟火色,遍寻缺处补琳琅

且留古韵继书香——且传 / 347
纸上斑驳怀旧影,映照人间启新声

累劫的次第·古籍的遗散与破损

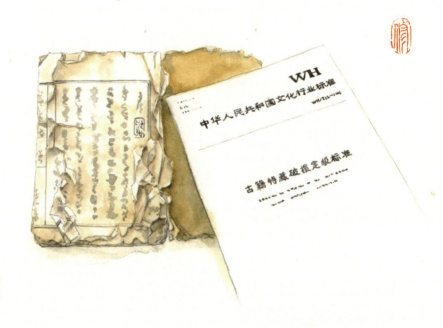

上篇：书的散佚
锦灰烟里叹一炬，霁涸尘起剩三分

在西班牙语中"书"（libro）与"自由"（libre）源于同一个词根。

书籍是知识的载体，传播思想，为人们开启智慧之门，引领精神自由的方向。但同时，书籍本身也是一个物化的个体，与人同处历史的苍穹之下，每一卷、每一册都有自己的命运，在时间长河和未知的世界里漂泊不定，历劫求生。

1

风雪，吹进明永乐十三年（1415）正月的夜。

南京城里箫鼓隆隆、花灯如昼，热闹的新年气氛遍布大街小巷。明代元宵节从正月初八到正月十七连续上灯十晚，是历史上时间最长的灯节。烟火照亮沉寂的夜空，照耀人们的欢腾，却照不进皇城地下阴暗的诏狱。

高墙，隔绝出一个冰冷的世界，这里是专设关押官员罪犯的监狱，由锦衣卫北镇抚司掌管。即使严冬腊月，狱中仍贯行不予燃柴生火的规定，更无人理会犯人会否冻饿而死。《明史·刑法志》记载："狱禁森严，水火不入，疫疠之气充斥囹圄。"

解缙蜷缩在阴冷的牢房里，用力裹紧身上的衣物。少年才子，青年得志，人至中年才发现，满腹经纶不及一袭御寒薄棉。

或是碍于他曾身居明成祖内阁首辅之故，施暴者尚存一丝谨慎，为解学士有可能的重新起用而给自己留一点后路，才让他不温不火地活到现在。今晚，还破天荒地端来了酒菜。

闷酒如火，点燃了解缙的思绪：如果五年前回朝述职时，不去特地看望曾亲自教授过的皇太子，便不会让觊觎太子位的二皇子朱高煦有向皇帝打小报告的机会吧？

杯中影如水中月，温酒颤颤，似也为当年的盲目自信而叹息：以为皇帝会念旧？以为太子理解他的冤屈？

仰起头，和着叹息一饮而尽，在所有的"以为"里，唯独忘记了自己不过是以被贬身份回朝公干而已。

被贬官员私会太子一事引发了皇帝朱棣的怒火，解缙被捕于南归途中，冠以"无人臣礼"之罪，下诏狱。

自此，污秽横流的牢房剥离了皇帝的青睐与信任，也封住了他引以为傲的才华。

往事历历，宦海浮沉的记忆里，必然还有那套恢宏巨著——《永乐大典》，这部书的编纂几乎动用了全国所有的优秀人才，使"天下文艺之英，济济乎咸集于京师"（杨士奇《送陈雍序》）。

解缙奉旨担任职位最高的主编监修。书成之日，也在这样一个冬天，明黄色的布制封面仿佛耀眼的太阳，映照着朝廷的盛世与他当下平顺的仕途，完美殊胜，何其庄严。

2

《永乐大典》的缔造，要从太祖朱元璋偏爱元代阴时夫所写的《韵府群玉》说起。这是一部以音韵归字，检索查阅的类书，内容以生动的事例为主，很受一般读书人的欢迎，却为正统派经学、理学名儒所瞧不起。

年轻时的解缙以才傲世，性格耿直难调。洪武二十一年（1388），他刚进士及第，正意气风发，便进献万言书提出需要另修一部"根实精明"的书籍。可惜言不逢时，与朱元璋正汲汲于打击封建地主与知识分子阶层的理念相悖。一番谏言虽被"称其才"，但仍惹恼了皇帝，他被命令跟随父亲返回原籍，暂定十年后再行"大用"。

八年之后，朱元璋去世。朱棣攻打南京，建文四年（1402）占领都城，在位仅四年的朱允炆下落不明。解缙开始了跟随永乐皇帝的政治生涯，国家再次启动编修大型书籍的工程。

从永乐元年开始，解缙先用了十七个月编成一部《文献大成》，皇帝阅后感到有所欠缺，又派太子少师姚广孝、礼部尚书郑赐及3000多人共同参与编修。

前后耗时五年，于永乐六年（1408）编成，定名《永乐大典》。全书22877卷，分11095册，共计3亿7千多字。沿用扩展了《韵府群玉》的体例，采集群书，分类汇编，使用类、字、韵编排查找的方式。

这是中国历史上规模最大的一部类书。装帧形式为包背装。虽然编排与查找方法略显繁琐,却保存了全书的系统性与条理性。

举国之力纂成的鸿篇巨制以体量著称,《永乐大典》每册书长50.2厘米,宽29.8厘米,厚0.7—1.0厘米,比一般书籍尺寸大上不止一两倍。

阔达疏朗的开本彰显帝王之家的尊贵,书中纤细精美的朱丝界栏,缮写工整的小楷书法,描摹细致的山川图案,在如雪般洁净的白棉纸书页衬托下,尽显中国文人林下之风的高雅清逸。

在后世人的眼中,《永乐大典》的装帧之美尤甚于三百多年后的《四库全书》。

这套由中国出品的百科全书比后来的《大不列颠百科全书》问世早了三百多年,被誉为"世界上罕见的文献珍品"。

《永乐大典》代表了皇帝盛世修书、文治天下的荣光。第二年中秋节,朱棣设宫宴款待编书的官员们。金銮殿上青烟桂影,人事俱圆。御赐美酒带给人飘飘欲仙的醉意,解缙乘兴口占一阕《落梅风》:

> 嫦娥面,今夜圆,下云帘不着臣见。拚今宵倚阑不去眠,看谁过广寒宫殿。

那一晚的酒杯中没有叹息,只有平步青云的得意,潇洒如天上仙人。朱棣在最宠信解缙的时候曾说:"天下不可一日无我,我则不可一日少解缙。"

可惜才学并不是驰骋官场的唯一资本,甚至才学是一把双刃剑,一不留神,会把自己戳个体无完肤,直言无忌的性格最终让解缙难逃官场汹涌暗潮的冲击。

诏狱的阴风吹过,一个寒颤,把解缙从过往的辉煌拉回到残酷的当下。他拼命喝酒,心有不甘,仍期待皇帝能再次想起他。

中国古代知识分子所接受的儒家教育,是以文化影响政治,将辅佐当权者匡正国家伦理作为头等大事,以期致君尧舜,但他们忘记了现实中早已不是尧舜的时代。

就在不久前,朱棣的确想起了解缙,例行审阅诏狱犯人表册时说:"缙犹在耶?"

《永乐大典》

永乐大典 书脊 包背装 精致的装帧

《永乐大典》书脊，包背装

伫立一旁的锦衣卫纪纲敏锐地捕捉到皇帝微妙的神态——圣上分明是说："解缙还在？他怎么能还在呢？"

冰冷的诏狱里少衣断食，唯独不缺阴鸷的杀气。对解学士有所图的尊重将于此夜随一盘酒菜戛然而止。

温热的酒一杯接一杯，解缙从微醺喝到烂醉，直至不省人事，被两个狱卒拖出门外。

再次踏上诏狱外面的土地，却不是走向自由，他被掩埋在冰冷的雪地里。

北风呼啸而过，阻断了远处新年的灯影。酒温褪去后，寒冷从失去知觉的神经末梢悄悄侵入体内，直至抹掉解缙胸中最后一丝温暖。雪花层层覆盖大地，世界变成同一个颜色。

此时此刻，天上人间，无一不是广寒。

霜寒

3

与人类短暂的生命相比,书籍的寿命可谓源远流长。可是长寿不代表永远拥有现世安稳,也可能意味着迎接更加残酷的时间洗礼。

解缙去世的这一年,国家彻底打通南北漕运,南京的物资从会通河大规模向北输送进入燕京之地。

《永乐大典》作为朱氏一族的国祚荣耀,于永乐十九年(1421)跟随明成祖迁都北京,入藏紫禁城文渊阁。

一百多年后,又因嘉靖皇帝对其"殊宝爱之",特招儒士百人分十馆抄录副本。庞大的数量让负责抄录的官员陈济感到头疼,考虑能否忽略版式与字体,只誊抄内容。却又在翻捡原本时,被书中精致的文字与插图震撼,遂决定全部按原样抄录。

寒来暑往,日影漫过宫墙,《永乐大典》耀眼的金黄色书衣映照着皇家威仪。又一个五年过去,《永乐大典》的副本诞生了。

此后,朱棣时代的原本称为"永乐正本",副本则称为"嘉靖副本"。也幸得这套唯一的副本,我们才能在百年后的今天有机会一览大典风貌。

两套《永乐大典》在宫中安然度过了两百多年的太平岁月,直到越来越多饥馑的农民揭竿而起。

末世中人人自身难保,无暇顾及书的安危。

1644年,崇祯皇帝自裁于煤山,龙椅还没坐热的李自成又被引清兵入关的吴三桂逼出来迎头激战。他不甘心只当了一天的皇帝，临行前露出草莽本色，放火点燃紫禁城，冲天火光中，《永乐大典》正本从此下落不明。

江山易主后，存在皇史宬的另一套嘉靖副本幸免于难，却如前朝遗弃的孤儿般少人问津。清雍正年间又移至翰林院存放，供官员查阅使用，回归了工具书的实质用途。

虽然遭遇冷落，但《永乐大典》典雅的装帧和善本价值仍属奇货可居。乾隆年间编写《四库全书》时查找资料，发现已经遗失了两千多册。到光绪时期，仅存800余册。书册在猢獭的监守自盗中不断流失，连带这届王朝的气数也从盛到衰，慢慢流尽。

光绪二十六年（1900），剩余的《永乐大典》迎来了最后的厄运。义和团为围攻东交民巷里的英使馆，直接点燃了使馆旁边翰林院里的参天大树，原想借火势蔓延烧到对面，却没想到翰林院里的木质建筑率先与火海连成一片。

书籍最大的劫难，莫过丙丁。纸质文献对灼热的烟火毫无抵抗力，上万册书籍与字画在火舌的舔舐下与世界悄然作别。

人们惊恐地抢出冒着火苗的书卷，扔进院中的水池灭火，火焰哧然熄灭，脆弱的纸张一半散作劫灰，一半凝成浆泥。

《永乐大典》与主编者解缙最后的命运竟是如此相似，都曾享有庙堂之上的无限风光，也终在炽热与冰冷的交替中落下一生的帷幕。

清王朝的末代完整复刻了前朝的腐朽，政府的不作为对古籍损毁有着不可推卸的责任，民族文化的丧失为大厦将倾的王朝奏响了挽歌。

书籍与人、与国家的命运总是紧紧相连。破碎的国家守不住人的安稳，更无法保全书的完好。历史上许多大规模书厄都伴随着亡国之痛：

西汉二百年，宫中一万三千卷藏书在王莽篡位时被烧；至东汉时期，整理收集的藏书又被入关的董卓损毁；唐代安史之乱叩开宫门，唐玄宗仓皇出逃，两京所藏图书"亡散殆尽"。

至清代，收存《四库全书》的江浙三阁（镇江文宗阁、扬州文汇阁、杭州文澜阁）有藏书"千箱万帙"，并打破过去皇家书阁不对外开放的惯例，允许江浙士人入阁阅读、抄录图书，带有一定的开放性。然仅存七十多年，就在太平军的铁蹄下被尽数踏平。

如果说皇家藏书成为战乱者的发泄对象令人扼腕，那么帝王烧自家书的荒谬之举更让人悲哀。

公元555年，梁朝最后一个皇帝梁元帝萧绎在江陵城破、走投无路之际，将亡国的责任归于"读书"，认为"读书破万卷，犹有今日"，命舍人高善宝一把火将十四万卷藏书全部焚毁，史称"江陵焚书"。萧绎自幼勤于读书与藏书，曾自诩："我韬于文字，愧于武夫。"然其焚书之刚愎残暴，实不如武夫远甚。

隋唐之前，雕版印刷术尚未兴起，萧绎的藏书全仰赖人手抄录，这些墨色盈润的文字未及流芳百世，先以损毁之姿为王朝作祭，着实令人痛惜。

历史上多少锦色缥缃、牙签玉轴，皆成了"最是人间留不住"。尊贵如《永乐大典》，也难逃山河破碎后离散的命运。

到今天，《永乐大典》仅存四百余册，不足千卷，分散在世

珠还合浦

历劫重光

明嘉靖副本
原书共一万一千
零九十五册
现存四百余册

《永乐大典》

界八个国家三十余处。中国现有224册,收藏在国家图书馆。

2021年,"珠还合浦　历劫重光——《永乐大典》的回归与再造"展览在国图典籍馆第二展厅向观众免费开放,让人们有机会近距离了解《永乐大典》这段充满劫难的历史。

从最初的王朝荣誉,皇帝的枕边宝爱,到清代翰林的工具资料书,及至今日柜中展品,《永乐大典》早已超越了书籍原有的价值,成为一个时代的文化标本。

也只有在和平安泰的年代里,人们才有时间和精力去藏书,才能细细品味古书上的版式、精美的小楷和前人的智慧。

留下来的文献有说不完的故事,逝去的典籍亦有无尽的叹息。

那些遗散的、被摧毁的书籍如烛火般熄灭了,随流年散去,带走一段古老的文化记忆。某些卷册在其他记载中还能找到只言片语,而绝大部分再也无处寻觅。

历代典籍的断失之劫不可逆转,唯有共筑太平治世,守住人的平安,方能渡得书的一世圆满。

下篇：纸的浩劫
圣贤文中品有道，蠹鱼洞里念无常

中华古籍历史悠久，承载文明，也承载时间的痕迹。因纸质文献的材料特点，书的劫难常由纸来承担。

明代周嘉胄《装潢志》中记："……以至兵火丧乱，霉烂蠹蚀，豪夺计赚，种种恶劫……"

其中"霉烂蠹蚀"一词直观描述了文献的破损状态：一些丢失了封面的书册，裸露着内页的污渍与折痕；在虫鼠啃食的缺损里，夹杂着各种肮脏不堪……残破，犹如一道道狰狞的伤口蔓延在纸上，让书籍成为久病延医的患者，伤势过重之处，甚至令人不忍碰触。

在2007年6月国家古籍保护中心出品的《古籍破损定级参考图例（试用本）》中，规范列出13种常见破损形式：絮化、鼠啮、虫蛀、烬毁、老化、霉蚀、缺损、粘连、酸化、书衣破损、线断·纸捻断失、糨糊失效、多种原因破损。

描述纸张破败的词汇个个触目惊心，连成一组规范古籍修复档案记录的标准术语，也是给古籍破损分类，为其对症下药的参考。

1

拆线、撤下纸捻，摊开一张张书页，纸的宿世累劫跟着历历眼前。

火烬：

纸是易燃品，火对书籍的损害是毁灭性打击，直接造成文字缺失，影响内容完整性。急于用水灭火时，大量的水会使纸张纤维迅速涨开，引发书体变形或导致书页粘连。

被烧掉的部分尚可以修补，但灼烧后发黑变脆的残缺边缘永远无法消除。那些在火焰中幸存下来的残本，也常被人们称作"烬余明珠。"

虫蛀：

人若不读书，虫类便来占地修行。一册书的体积不大，却

火烬

足以容纳小虫的一生。不同地区的虫子吃相各异，有些一洞深挖到底，蛀洞在书页上散做满天星，也有些吃得曲曲折折，留下满纸蛀痕如地道纵横。

以前听国家图书馆杜伟生老师说过：垂直挖洞的多是北方虫子，吃成曲线的多是南方书虫。蛀洞过多的书已然无法阅读，翻开后，满篇都是寄生者的蚕食杰作。

吃书的虫子常见有两个触角的蠹鱼，形似小蚂蚁的书虱，浑身毛刺的皮蠹，还有蟑螂、白蚁等杂食类昆虫，天然纤维类制品是它们口中富含葡萄糖的美味佳肴。

在唐代志怪小说《酉阳杂俎》天马行空的故事里，蠹鱼若是连吃三个"神仙"字样，会变成一个半径四寸的发丝状圆环，名曰"脉望"，能够助人成仙。

现实修书工作中倒没遇过这等成仙的好机会，只有随着拆书，扑啦啦掉出许多虫尸、虫便与虫蜕……密密麻麻，用北京话讲，看着特别"硌硬"（gè yīng）。

蛾类昆虫吃饱喝足后，又坦荡荡地占领地盘筑巢做茧。虫茧紧紧缠缚在纸上，极难剥离，除非连同周边纸张一起取下，导致损失一大块纸面。因此只要虫子不把茧壳筑在文字上面，就算是稍讲道德了。

鼠啮：

老鼠与虫子都是啃食型破坏高手，鼠类留下了肮脏的排泄物，比被咬掉的缺口对书的伤害更大。具有一定黏度的排泄物糊在纸上，形成一片片污渍，滋生细菌，其后又质变为霉斑。

情况更坏些，霉斑会连缀成片、粘连纸页。日久天长，书

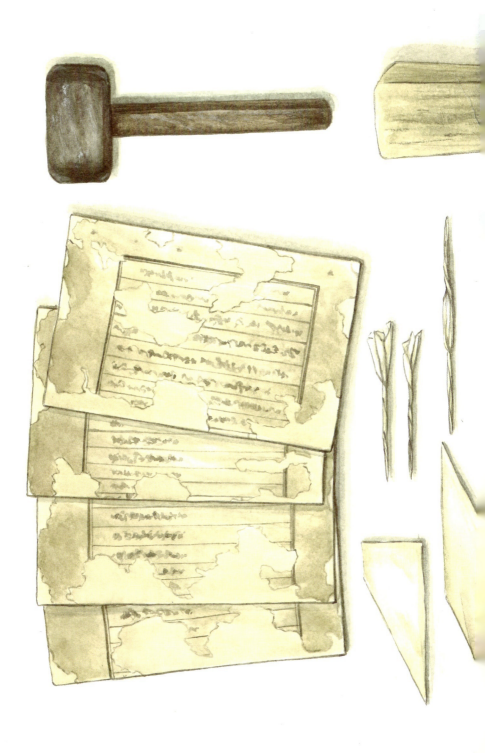

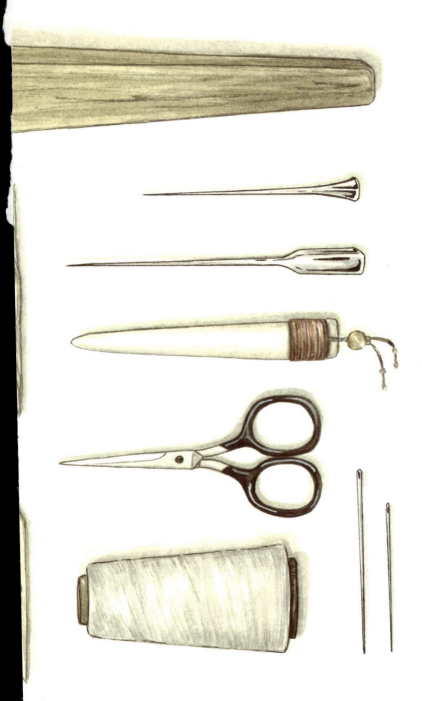

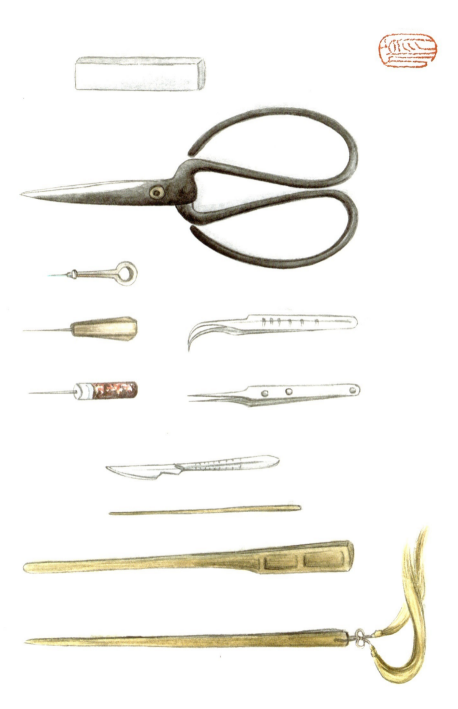

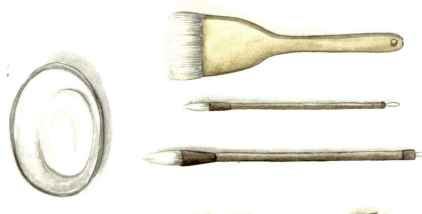

拝 事 清 王

书虫系列

 蠹鱼

 书虱

 黑毛皮蠹

 恶心死了~ 作者

各种书虫

书页虫蛀

虫茧

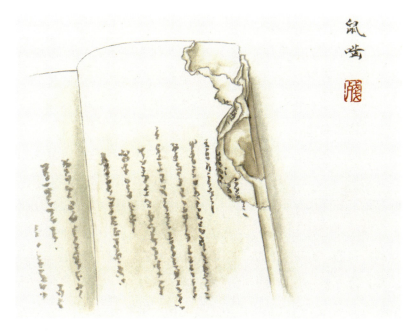

鼠啮

册板结成一块书砖,令修复工作变得异常棘手——揭开书页的时间远远大于修补的时间。

修复书砖,堪称一场恶战。

书软纸薄,虫鼠行经之处,都成了惨烈的命案现场。说起来,这不过也只是"病在肌肤",都还算是较好处理的外科手术。

如果按照张平老师《关于〈古籍特藏破损定级标准〉的编制》中提出的标准,将古籍损伤做个分类,就古籍载体受到的损害性质来说只有两类:一是动态渐进型损害,另一类是相对静止型损害。纸张的酸化与老化属于动态渐进型损害,虫蛀鼠啃属于相对静止型损害。

相对静止的伤痕是可见的,只要及时去除隐患,清理纸张,选配恰当的补纸,经一番修补,书籍还有望重获新生。

最怕那些表面看不出端倪的症状,疾在骨髓才最致命。

酸化和老化:

这是一对颇富心机的双生子,最擅长不动声色地从纸张内部瓦解纤维。纸张的主要成分为纤维素,纤维素会在有害物质的存在下发生水解和氧化反应。而化学反应的速度与温度密切相关。根据阿伦尼乌斯公式,温度每升高10℃,化学反应的速度将提高2—4倍。有研究表明,在38℃—98℃的范围内,温度每升高15℃,纸张老化速度平均增加到原来的3.8倍,也就加快了纸张纤维素的氧化作用,生成易粉碎的氧化纤维素。

纸张边缘酸化

老化，是一个历史悠久的概念，在书页泛黄的古意盎然背后，变色也暗示着纸张趋于陈旧。

酸化，是与老化形影不离的兄弟，通过pH酸碱度测试仪可显形为精确的数字——从1—14之间，自7开始，数字往下越来越低，说明纸也越发偏酸。

酸对纸张的损伤到底有多大？刘家真老师《纸·酸化与对策》一文中写道："酸就是致死纸张的恶性细胞，它催化纸张主要成分纤维素水解，使构成纸张的主要成分纤维素的聚合度降低，最后纸张脆化直到成为纸灰。"

酸化与老化对书的侵害不会直接体现在外观缺损上，它们可能隐藏在翻书时轻易捻碎的纸页边缘中，惹得一手焦脆纸渣，这预示着纸张正加速走向老态。在修复师看来，是不显山露水的退行性病变。

促成纸张酸化的原因既有造纸过程中材料的问题，也有储存环境的影响。同时酸的传染性也很强，例如长时间用报纸包裹书籍，会加速书籍出现变色、发脆等明显症状。

有关纸张酸化的探索属于化学等理工科的专业领域，如何有效地为纸张脱酸，延续书籍寿命，也一直是古籍保护工作中持续推进的研究课题。

霉菌：

这有着上万年历史的地球原住民，具有强悍的繁殖能力和强大的传染性。其实绝大多数霉菌对人类都是有益无害的，还能帮我们发酵酒曲、制作奶酪等美食。可是霉菌若生长在文物上，情况就不太乐观了。

霉菌

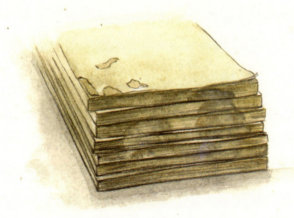

水渍在书体上形成霉斑

粘连

前人修复后又遭虫蛀，补纸与原书颜色差异过大

飘散在空气中的霉菌孢子悄无声息地落在书上，静候潮湿、闷热、不透风的适宜环境，暗中生出细小的白色菌丝，与纸张纤维纠缠不清，将纸张纤维素分子分解为小分子的葡萄糖，纸张因此变脆，强度降低。

有些菌丝在代谢过程中能产生色素。不同种类的霉菌产生色素的颜色各异，有红、黄、橙、绿、青、蓝、紫、褐、黑等颜色，在纸面上形成大小不一的点状或块状，此时就很难再将它们从中剥离了。

使用脱脂棉蘸75%酒精擦拭，进行表面清洁，是常见的传统除霉方法，可去除局部或轻度的霉斑。

不过霉菌难以根除的顽固性是出了名的，即便注重清理，也只能暂时缓解，一些霉菌孢子的生命力极强，能在极端温度下保持休眠，只要有一点点残余，仍会伺机以待，继续生长。

化学药剂环氧乙烷除霉的效果非常显著，但环氧乙烷属于中毒类防治方法，需要专业人员操作，不便广泛使用。

与纸质文献上的霉菌坚持不懈地斗智斗勇，目前还多是依靠修复师一代代的人工努力了。

粘连：

书籍的递藏过程是漫长的，有时并非仅修一次。我们也常在前人的修复中看到一些不匹配的补纸和胶带，以及粘接书页的不适宜的外加物。在修复之前，需要先"揭"、再"补"。

纯天然淀粉糨糊制作的黏合剂最易于揭开，润潮软化即可揭下。比较难对付的粘连是临近清末民初时期，使用了工业胶粘接的书籍，其黏性与牢固度不是热水可以化开的，揭的过程

脏污　破损
受潮　虫蛀
霉蚀
现实情况
比看到的
更严重

糅合多种破损情况

如同一场持久硬战。一不小心,恐怕会连带文字也一并撕下来。

如何去除工业胶而不毁纸?可以延展出一个科研课题。

在《古籍破损定级参考图例(试用本)》中,对每一种破损形式都详细列出讲解和举例说明,我只截取以上的几种,在此作简单描述。

实际修书时,所遇破损并非单一问题,常是糅杂了多种损伤的聚合——缝线断裂的书里面还有贯穿的虫蛀;可见的烬毁和鼠啮之下,酸化和霉蚀正暗暗消解纸张的寿命。林林总总的各式破损掩盖了最初的纸润墨香,让人们看到书卷在世间流转的过程里所历经的劫难。同时,书籍也等待着修复师来清理伤口,分级诊疗。

2

过去,老师傅们多用严重、重度、中度、轻度等副词形容古籍破损程度。

2006年7月28日,由文化部发布,国家图书馆等各馆主导,张平老师、杜伟生老师等多位专家共同编制的《古籍特藏破损定级标准》(WH/T 22-2006)里,专家前辈们根据书册破损形式和破损面积的比例,将破损程度划分为五个等级——从五级到一级,严重度逐级递增。

最轻度的五级,破而不失体面,书册保留了友好的视觉观感,主要表现为订线断裂,书衣轻微缺损,题签残损……总之不伤及内页,都是比较容易处理的问题。

但在五级破损中,有一种情况需要及时修复,即纸捻断裂。

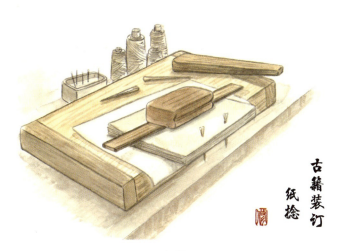

纸捻

WH／T 22-2006

4.2 书叶纸张老化严重，纸张机械强度严重降低，书叶翻动时出现掉渣、裂口、破碎的现象。
4.3 书叶粘连面积达到40%以上，且粘连书叶达到整册书叶的40%以上。
4.4 书叶虫蛀面积50%以上，且虫蛀书叶达到整册书叶的80%以上。
4.5 霉蚀、鼠啮、烬毁达到30%以上，且霉蚀、鼠啮、烬毁书叶达到整册书叶的60%以上。
4.6 严重絮化，絮化书叶达到整册书叶的40%以上。
4.7 叶面、书脊、书口、书脑各部位严重缺损，需整册揭裱修复的。

5 二级破损
  凡有下列情况之一者，定为二级破损。
5.1 书叶纸张酸化严重，纸张酸碱值(pH)小于5。
5.2 书叶纸张老化比较严重，纸张机械强度明显降低，书叶变色严重。
5.3 书叶粘连面积达到30%以上，且粘连书叶达到整册书叶的30%以上。
5.4 书叶虫蛀面积30%以上，且虫蛀书叶达到整册书叶的60%以上。
5.5 霉蚀、鼠啮、烬毁达到20%以上，且霉蚀、鼠啮、烬毁书叶达到整册书叶的40%以上。
5.6 书叶絮化比较严重，絮化书叶达到整册书叶的30%以上。
5.7 叶面、书脊、书口、书脑等部位缺损比较严重。

6 三级破损
  凡有下列情况之一者，定为三级破损。
6.1 书叶纸张酸化，纸张酸碱值(pH)小于5.5。
6.2 书叶纸张老化，纸张机械强度降低，书叶四周变色。
6.3 书叶粘连面积达到20%以上，且粘连书叶达到整册书叶的20%以上。
6.4 书叶虫蛀面积20%以上，且虫蛀书叶达到整册书叶的30%以上。
6.5 霉蚀、鼠啮、烬毁达到10%以上，且霉蚀、鼠啮、烬毁书叶达到整册书叶的20%以上。
6.6 书叶轻微絮化，絮化书叶达到整册书叶的20%以上。
6.7 叶面、书脊、书口、书脑局部缺损。

7 四级破损
  凡有下列情况之一者，定为四级破损。
7.1 书叶纸张轻微老化，有明显黄褐色斑点。
7.2 书叶有轻度霉蚀、虫蛀、鼠啮、烬毁、絮化、口开现象之一者。
7.3 由于浆糊失效导致补纸、托纸、镶裱纸与书叶分离。

8 五级破损
  有下列情况之一者，定为五级破损。
8.1 书衣轻微破损。
8.2 装订线、纸捻断损。

《古籍特藏破损定级标准》局部

纸捻隐匿在书脊上，被书衣覆盖，是固定书页的关键零件。纸捻断裂或遗失，会导致书页散乱，尤其那些没有标注页码的古书，散乱后很难排序，若见到纸捻断裂，必要尽快修复装订。

判定破损级别时，主要依据损伤占全书面积的百分比来进行判断。

例如纸张pH值小于5.5，书页虫蛀面积达到20%以上，虫蛀书页达整册书30%以上者，列入中度三级破损；pH值小于4，书页虫蛀面积达50%以上，列入严重的一级破损。

一套书破烂不堪，加之页数较多，其实不大可能精准推算每一页的破损比例，所以多以估算为主，时常让人陷入纠结。

一些书籍初看时，只有上下书口开裂，原计划每日修书页二十张左右。拆开后，发现书脊里面还有许多虫蛀和霉斑，那就要先进行清洗书页和补洞的工作，劳动强度骤然增加，工作效率倏然减半。这种突然由四级升为三级，或三级升为二级的情况经常发生。

因在实际修复中总会遇到比初看到时要糟糕许多的情况，通常破损定级应遵循"就高不就低"原则——尽量将破损等级往高往严重程度靠一些。

与古籍破损的相遇，没有"人生若只如初见"，拆开书后，皆是"柳暗花明又一村"。

另有一些定为二级或一级的严重破损，外表并不很残破，甚至内页平整，文字无缺，不妨碍阅读。

可是仔细端详，书体四周已经焦黄变色，纸张酸化，失去韧性，伴随每一次翻书，都掉出碎裂的纸渣。

古籍破损

书签残损
书皮残损
订线断裂
山蕉卷角

栩逸

破损古籍

为防止纸张继续酸化，最好先清洗脱酸，再在每张书页的四边接补纸加固。装订前，按照书籍原有尺寸裁掉多余纸边。修复时，还要注意每一页补纸的搭口不能摞在同一位置，以免影响全书摞起来的厚度……

以文字表述手工操作，读起来令人头大。简而言之，就是说清洗书页的时间、脱酸的时间、接补纸的时间、择搭口的时间、裁纸边的时间、装订的时间……都要综合考量。修复师全身心投入到与破损的对峙中，就不仅仅只有补洞这么简单了。或许要花费一两个小时甚至大半天，才能修完一张书页。

繁琐的操作增加了修复的难度，为此所耗费的人工成本，也是衡量一册书破损严重与否的重要因素，都要计算进破损等级中来。

为待修古籍做轻重缓急的分类，一是为方便记录修复档案，二来也为安排修复次序和工作人员取书做参考。

初入行的修复师可从五级、四级的书修起，在实践中慢慢学习；手艺成熟，有足够时间鏖战于桌前的修书人可挑战二级、一级，进阶修书技能。

每一种破损都代表了书籍不同的命运与经历，没有两册书的破损是完全相同的。

在卷翘的纸张上，缺损的书页里，自时间夹缝中残存下来的书卷或幸运、或顽强，无不是默默展示中华典籍递藏过程的艰难和不易。

《古籍特藏破损定级标准》（WH/T 22-2006）是我国第一部

延书寿命

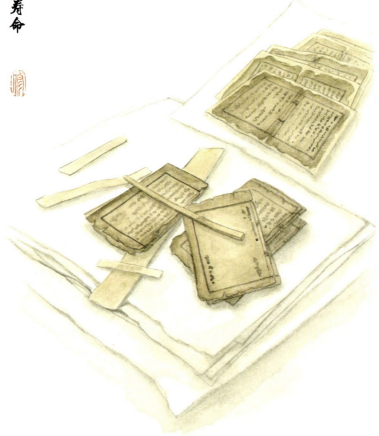

修复书页

为古籍破损定级的行业标准,颁布于2006年,距今已过去十几年了。

近年来,各个单位在开展修复工作中,根据此《标准》和自身馆藏特点,逐渐添加了水渍、磨损、变色、胶带等等其他相关描述术语。在一些记录详细的修复档案里,破损术语会增至二十至三十种之多。

2010年,国家文物局参照这部《古籍特藏破损定级标准》(WH/T 22-2006),委托南京博物院起草发布了《馆藏纸质文物病害分类与图示》(WW/T0026-2010),为完善古籍修复档案的建立提供了更为丰富明确的参照。

文物保护立法与标准的制定是一个逐渐完善的过程。

世界范围内,西方国家文物保护法案是从历史建筑保护的立法开始,渐次延展到艺术品和其他古物上。

罗马的古物管理局设立于1534年,予以保管古建筑物之最大权限,以便阻止建造依傍于古建筑物之新建筑,及一切有害植物对古建筑之损害。到1724年,大主教史毕诺拉颁布法令,将保护古代艺术品及建筑纳入未来研究的目的。

1834年,法国历史学家普罗斯佩·梅里美被任命为历史古迹监察官,负责全国历史古迹现状调查和评估保护工作。1837年,法国设立历史性纪念建筑委员会。1840年,普罗斯佩·梅里美向法国政府提交了第一份历史古迹清单,该清单被认为是法国首份文化遗产保护名录。在任期间,他共提出将1000多处古迹列入文化遗产保护名录,奠定了法国文化遗产保护工作的基础。1887年,法国实施的《历史性纪念建筑保护法》明确了

破损古籍,封面虫蛀

法国文化遗产中传统建筑的保护范围与标准。可见法国对文物保护的前瞻性和足够重视。

英国则是在1882年颁布了《古迹保护法》，1900年又出台了《古迹保护法修正案》，保护的范围包括历史遗址、居民住宅、历史庄园等一系列有着重大历史意义的标志性建筑。至今已制定几十种相关法令、条款。

我国的文物保护立法起步较晚。新中国成立后，1961年发布《文物保护管理暂行条例》，至1982年改革开放初期，颁布《中华人民共和国文物保护法》，2017年11月4日第十二届全国人民代表大会常务委员会第三十次会议进行第五次修正。

关于古籍文献的保护与整理的规定，最早是1981年9月17日中共中央发出《关于整理我国古籍的指示》，强调"整理古籍，把祖国宝贵的文化遗产继承下来，是一项十分重要的、关系到子孙后代的工作"。

2007年1月19日，国务院办公厅下发《关于进一步加强古籍保护工作的意见》，对全国古籍保护工作进行整体部署，提出实施"中华古籍保护计划"。主要任务包括：古籍的普查登记、中华古籍联合目录和古籍数字资源库的建立、《国家珍贵古籍名录》的订立、全国古籍重点保护单位的申报、古籍保护专业人员的培养、古籍的整理出版和研究利用等。

2022年，中共中央办公厅、国务院办公厅又发布了《关于推进新时代古籍工作的意见》，要求"提高古籍保护水平"，"提升古籍修复能力，加强濒危古籍抢救性修复"。

从古籍的普查到修复，再到建设可供检索的数据库，印刷

揭下旧纸

出版再造善本等一系列保护措施，尘封的中华古籍难得迎来一个和平岁月，书的劫难与纸的残缺也有望在这个时代里慢慢治愈。

3

破损，会影响古籍的价值，一方面是文物上的价值，另一方面是文献的研究价值。过于残破脏污的书会让人退避三舍，修复师却日日与它们直面相对，短兵相接。

从最初面对破书无从入手，到仔细完整地制定修复计划。到现在，每每见残破旧书，竟也心生一份亲切。

在参观古籍展览或拍卖会的预展上，常常一边看，一边暗暗琢磨书中不同破损形式，想象它当初的模样，并在心中练习筹划修复方法。

如允许翻阅，定要用手触摸一下书上斑驳的痕迹，拈一拈纸页的质感。古书中蕴藏了时间的遥远与浩渺，往昔升平的年景和读书人如水的岁月似仍残存于字里行间，也在我们不曾忘却的文化记忆中奔流往复。

补上开裂的缺口，展平卷翘的纸边，仔细粘接每一处断痕，愿书的累世劫难能化作两处欢喜：一是典籍退却尘嚣，与今人共赏的无尽赞叹；一是旧书残纸与手中技艺彼此成就的一段善缘。

就让我们从"器"开始一段修书的旅程吧。

器

糨糊小记

净粉搅作凝团雪,拈来拼补旧时光

古旧书

提到黏合剂，你会想起什么？是胶水、502，还是3M……古籍修复工作要使用哪一种黏合剂呢？

这个问题在一档名为"欢乐大猜想"的综艺节目中出现过，主持人向嘉宾提出问题："修复古籍所用的糨糊中会包含哪种原料？"三个备选答案分别是：树胶、糯米和淀粉。

古时候，人们多是利用天然原料，加工制成黏合剂。例如使用糯米混合砂浆垒砌城砖，从北京东二环的明代城墙遗址到西南客家的旧式土墙围楼，至今还都保存着这样的建造方式。历时百年，依然牢固坚硬、砖缝严密。

民间也有使用大蒜调和蛋清来作黏合剂的，可用于粘接瓷器。黏性很强，但不耐热，遇水即开，粘接一些平日摆放不用的装饰品是个不错的选择。

此外，还有植物橡胶、动物骨胶、中草药等等，种类繁多。

天然原料取自山川大地，应用在千家万户的日常生活里。其中面粉糨糊是应用范围较广的一种。旧时裱糊窗户，民间纸扎工艺，以及二十世纪张贴大字报，均需用到面粉糨糊。

将面粉直接冲搅，或提取出淀粉，冲调成浆水粘接纸张，是纸质文物修复工作中必不可少的工序之一。因此，古籍修复所用的黏合剂，即是淀粉。

1. 提取浆水

路过北京潘家园或琉璃厂的各式装裱店，常见有店铺挂出"手工装裱"或"古籍修复"的招牌，这些地方基本都是在用传统糨糊进行工作。

制糊也叫"打糨糊"。细白的面粉零零落落，散如粉雪，舀进碗里，先兑入冷水调和化开，再隔水熬煮，随着搅拌，面糊愈发黏稠。

在以前，南派书画装裱多使用面粉糨糊，北派装裱和古籍修复则多从面粉中提取淀粉，再行制糊。尤其是修书时需要使用更稀薄的浆水，淀粉糨糊也更适宜。

使用面粉直接打成糨糊，黏性很大，成膜后手感较硬，裱件容易翘曲不平，就是行话中的"燥性大"。这是由于面粉中含有面筋。面筋是一种植物性蛋白，由麦胶蛋白质和麦谷蛋白质组成，蛋白质十分容易变质、发霉，以及引来虫蛀，不利于书画长久保存。

在我国，将面筋去除，用小麦淀粉打糨糊的历史由来已久，最早文字记载见于唐张彦远《历代名画记》卷三"论装背裱轴"：

> 凡煮糊，必去筋，稀缓得所，搅之不停，自然调熟。

"去筋"即指去除面粉里的面筋。一千多年前，人们已经意识到，去掉面筋再熬制搅打出的糨糊更加白净耐用。

去筋的方法也称为"洗粉子":揉好一块面团,浸入清水盆中持续揉搓,让淀粉与面筋分离,溶解落进水中,清水逐渐变得雪白稠腻。而后静置一段时间,撇掉上层的黄汤,淀粉留在盆底。

煮糊,是指加水熬煮这些析出的淀粉,直至黏稠。

古人制糊时,还会加入香料药草,做防虫防腐之用。元《秘书监志》卷六中记载了装裱匠焦庆安向秘书监领取制糊原料的一份清单,其中的"打面糊物料"除白面、硬柴、木炭之外,尚有白芨、明胶、黄蜡、白矾、藜芦、皂角、茅香、藿香等八味药物。

据近代学者余嘉锡先生考订,此糨糊配方"盖本之张彦远用熏陆香、黄蜡之意而推衍之,必是宋秘阁相传之旧"。对这一修裱糨糊略加考察,不难发现各组成分无不与防蠹、防鼠、防霉以及提高胶粘质量有关。

随着历代书画的发展,装裱之法盛行,文献中记载的制糊方法也越发详细复杂,明代周嘉胄《装潢志·治糊》说道:

> 先以花椒熬汤,滤去椒,盛净瓦盆内,放冷,将白面逐旋轻轻糁上。令其慢沉,不可搅动。过一夜,明早搅匀。如浸数日,每早必搅一次。俟令过性。淋去原浸椒汤,另放一处,却入白矾末、乳香少许,用新水调和,稀稠得中,入冷锅内,用长大擂槌不住手擂转,不令结成块子,方用慢火烧。候熟,就锅切作块子,用元浸椒汤煮之。搅匀再煮,搅不停手。多搅则糊性有力,候熟取起,面上用冷水

浸之，常换水可留数月。用之平贴不瓦霉。候不宜久停。经冻全无用处。

制浆时用花椒煮水，放冷后加入面粉，每个早上都要搅动，再去水，加白矾末、乳香等药材，边搅边煮。制好糨糊后，可以用冷水浸泡，延长其使用期限……

古人笔记中的制糊方法比较繁琐，很难一一实践。泛泛读来，唯有"不住手擂转"一句最令修裱匠们感同身受——尚未修书，先从捣糨糊开始，历练一段挥汗如雨又糨糊粘得满手满盆的体力劳动。

前人研究制糊，同时也热衷于探索各种入香防虫的方法，不吝加入多种药材。如明代高濂《遵生八笺·法糊方》记：

> 白面一斤浸三五日，候酸臭作过，入白芨面五钱、黄蜡三钱、白芸香三钱、石灰末一钱、官粉一钱、明矾二钱。用花椒一二两煎汤，去椒，先投蜡、矾、芸香、石灰、官粉熬化入面作糊，粘牢不脱，又法以面一斤入白芨末二两、豆粉五钱亦妙。

蜡、矾、芸香、石灰、官粉和白芨、豆粉、花椒……历数种种加入糨糊中的药材，涵盖了从植物到矿物等各式各样的原料，颇为丰富。

再看清代方以智《物理小识》卷八"装潢法"，所加配料更是应四季变化各有不同：

熬粄糊

……春以皂角一挺、滑石、白矾、川椒、黄蜡、油各一两；夏用蜡、矾、艾各一两，金精石、木鳖子、秦艽、白芨、芫花各半两，乌头信、巴豆少许，皂角一挺；秋加石燕少许；冬用黄蜡一两、白矾五钱、硇砂二钱、茯苓三两、盐三钱、面一斤……

一时读来，不知是在说制糊，还是在开药方，深感修复师如不掌握一点中草药常识，都不好意思说自己会打糨糊。

这些制糊防蠹的妙方现在看起来周章繁琐，只因局限于当时有限的存储条件：古时候没有冰箱作冷藏杀菌，更没有恒温恒湿库房收藏书画。纸质文献脆弱薄软，直面四季干湿交替和虫蚁鼠害威胁。人们为了延续字画和书籍的寿命，只能费尽心思从工艺源头琢磨办法。

至今，在南方一些地区，仍然保留着制作五防糨糊用以修书的传统——防蚁的雄黄，防蠹的百部根，防鼠的皂角，防腐的白矾，防潮的石灰末——用来预防不良环境对书画和文献的伤害。

添加进糨糊里的各式药草，实则体现了人们惜书爱画的良苦用心。

2. 层层黏黏

糨糊也有保质期，刚打好时，黏度较高，之后受室温等外界条件影响逐渐质变，黏度随之下降。清代周二学《赏延素心录》第五则记载了糨糊制成之后的变化：

> ……夏裱治糊十日之前,春秋治糊一月之前,过宿便失糊性。装潢郑墨香云:糊帚新则硬涩,旧则脆脱,利用在不新不旧之间。

黏性就如同糨糊的性格。太新的糨糊"硬涩",像个初出茅庐的小子,火力壮、脾气急,黏合力很强,俗称"劲儿大",用在托裱新画、新纸上效果很好。

当糨糊放置久了,则变得提不起精神,黏度大大降低。但也并非不能用,在修裱年代久远、纸张脆弱断裂的古旧字画时,往往要在新调制的糨糊中加入一些黏度低的老糨糊,来适当降低浆水黏性,减少对纸张纤维的作用力,避免书画上墙绷裂了。

通常来讲,小麦淀粉制成的糨糊变质后应当摒弃不再使用。然而在日本装裱界,却有一种制糊法反其道而行之,专门利用面粉发酵的特性,制作出一种特殊的"古糊"。

古糊也称"陈糊",通常选在一年中最冷的大寒时节制作。先用小麦淀粉熬出糨糊,趁热倒入大缸中,再注入冷水没过糨糊,盖上缸盖,放置地窖内。任缸中糨糊充分发酵,长出厚厚的霉菌层。

到夏季,霉层长到最厚时,开缸除去表面黑色的霉菌,重新注入新水。如此反复,经过六到十个春秋,直到浆缸里不再长出新的霉层,泡糨糊的水呈淡黄色时,古糊就算制作好了。用时挖出一块,过箩细筛,用清水调成米汤样。

通过长期发酵,古糊具有酸性和黏度低的特点,据说味道

古糊浆缸

古糊浆缸

很不好闻，但经过年复一年层层霉菌的洗礼，又具有较强的抗菌性。使用时需配合日式装裱工艺的特殊技法，方能相得益彰。

细数古糊制作过程，操作繁琐，需要历时数年才能使用，与我国的制糊法和用糊法有很大区别。同时也不禁让人感叹：沉寂在地窖大缸里，覆盖着黝黑霉层的古糊，经过漫长岁月的锤炼和积淀，或者与传承千百年的书画古籍更般配吧？若再由手艺精湛的装裱匠人一番操作，则可谓以功夫见功夫，以功夫传千古。传统手工艺的保护，说到底，不过是一场与时间的较量和博弈。

我国古代制糊方法和日本古糊的制作工艺都比较复杂，前人笔记中药品的配比记录并不完善，不大具有复刻性。其实现在古籍修复工作中所用的糨糊，除了淀粉和水，其他什么也不添加。

目前市场上也有成品糨糊出售，据说能直接使用，但其加工过程和耐久性并不可考，唯恐伤纸，故而古籍修复时并不用这样的糨糊。

面对古老的纸质文献，我们还是尽量选择简单一些的方式，最好是自己提取淀粉，或购买纯度较高的小麦淀粉熬制更稳妥安全，也更能够保证质量。

3. 浆水特调

使用小麦淀粉制作糨糊，主要有两种方式：熬制与冲制。

材料和工具包括：淀粉、开水、碗、搅棒，还有筛箩。

制作糨糊的工具

熬制：

熬煮是最易操作的方法，淀粉兑入冷水搅开，充分溶解在水中，另起一个大锅注水，把盛有水淀粉的碗放在锅里，隔水熬煮，同时不停搅拌，加热过程中，水淀粉会逐渐黏稠成糊。

熬制方法比较费时间，却很直观，能目测稠稀的程度，随时关火。

也有图省事直接将水淀粉放在火上熬煮，但很容易糊锅。必须开微火，并持之以恒地搅拌，最怕是糨糊没有打好却把锅给废了，那就太不值当了。

煮好的糨糊放置自然冷却，使用之前用木棍捶打，就像打年糕那样，能增加糨糊的黏性。

冲制：

相比煮糨糊，冲糨糊更为快速简单，操作上则更讲究功力。

古籍书的体积较小，不像书画那样动辄四尺、六尺，须全托全裱的大尺幅。在小小的书页上粘接面积不大的裂痕与破损，所需浆水用量并不多，因此可采用冲制法调糊，或直接冲成稀浆水来使用。适用于用浆量少的修书工作，也便于每日换新。

放少许淀粉在碗中，用一点点冷水化开，冷水不能放太多，以免降低冲入碗中开水的热度。然后将滚开的沸水缓缓浇入碗里，另一只手持搅棒，沿着一个方向快速旋转搅拌。淀粉在开水和搅拌的作用下迅速变熟、变稠。等到外表呈透亮的乳白色，并伴有熟面的香味，这就是制糊成功了。

如果水的温度不够，或搅拌速度没有跟上，糨糊就会呈现为没熟透的粉白状，香味也不突出，黏性大打折扣。这时

沸水冲糨糊

可在碗里再次注入开水,没过糨糊,利用高温烫一下,加速催熟。

第一次加热水后,搅拌速度一定要快,确保整碗淀粉受热均匀,避免不熟或过熟。过熟的糨糊冷却后干结起皮比较严重,好似一锅熬过火了的粥,也是不好用的。

新制成的糨糊通常叫做稠糨糊或干糨糊,用于装订古籍时加书捻、上书皮、贴书签等,如同干胶棒的效果。

修补书页的糨糊须加水调稀,再用筛网过滤一下,成为米汤样的稀薄浆水。

华中地区留存至今的汉文古籍以明清文献居多,纸张薄软,若用稠糨糊粘接,会使书页厚硬,纸张起皱。因此,更适合用稀释的浆水来修补。

用浆如用水,浆水的稠稀还要根据书页纸的厚薄来判断调制。

若论冲糨糊的最高境界,大概要数直接开水冲淀粉了。真要稳、准、快,一气呵成,那架势有点像老北京前门外茶汤伙计擎着龙头壶冲茶饮的气势,无需搅拌,只靠沸水冲入时从碗底再翻上来带出的热力烫熟一碗,是眼瞅着一碗粉变成了一碗稠糊的魄力。

一注滚水注入碗里,调出理想的干稀浓淡的糨糊,并非一朝一夕就能学会的活计,这是手下见功夫的事情。

修书的老师傅们经验十足,都能顺利直接冲搅,调好后的糨糊白细黏稠,处处好用。初入行的新手掌握不好速度,常在手忙脚乱之中炮制出一碗半生不熟的面疙瘩,面疙瘩里恐怕还

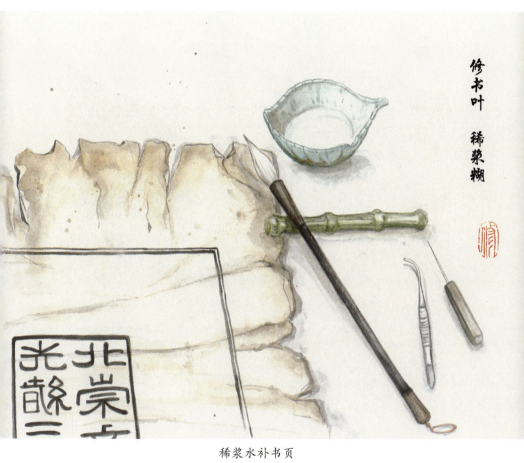

稀浆水补书页

托裱

托裱书画

裹着难以搅开的生粉，只好再借助筛箩，从细密的筛眼中滤出粉疙瘩，留下细腻的部分。

自制的糨糊不含防腐剂，一次用不完需要冷藏存储，稀浆水最多两天也会失去黏性。如果发霉变质，就不能再用了。轻则黏度不够，重则会产生霉菌，转移到古籍上，不利于文献保存。

初学修书时，总免不了经过几次浪费粮食的教训，小心翼翼地摸索学习，慢慢地，也练就了一手冲糨糊的基本技能。

从提取淀粉到熬制糨糊，再到手工装裱、修复古籍，一道道工序下来，速度慢而程序繁多。但相比于使用工业胶质、立等可取的机制裱画，糨糊的优势在于它的"可逆性"——用糨糊粘接的纸张只要经热水闷透，便可再次揭开、乃至数次修复。字画和书籍因此而能经久传承。糨糊黏合剂的可逆性，至今仍是无可替代的。

从书画装裱工艺上来说，也唯有将字画铺就于漆红大案上，在装裱师父行云流水的托裱操作中，我们才有机会目睹"清水流浆一排笔，墨色如花开"的传统技艺之美！

观一幅手工装裱的书画或欣赏一套手工修复完成的古书，其平整与精美的外观会不由让人感叹手艺人的技术精湛，却鲜少有人在意其中用浆的功夫。

浓淡得宜的浆水渗透进纸张，贯穿在修复工作的每一个环节中，为失去韧性、断裂的纸张加固，让补纸与书页的衔接平整自然。淀粉糨糊的黏合剂是隐藏的、肉眼看不到的重要修复材料，是修复工作中灵魂般的存在。

以往人们手工析粉打浆,多是依靠经验判断黏度。今日科技发展,开始用离心机提取淀粉,利用打浆机解放双手。包括黏度的测定,也能在波美计检测中被量化,让糨糊的制作更加专业快捷。

无论用哪一种方式制糊,都是在为延续古旧书画的寿命工作。打糨糊,仍旧是一项历史悠久的传统技艺。

那么,我们该如何鉴赏一碗合乎标准的稠糨糊呢?引用同事的一句戏言:应是白腻腻、香喷喷、亮锃锃的猪油一碗吧!

糨糊打好了,修复师的一天刚刚开始。

干糨糊

干糨糊

竹制神器

青节凌风玉竿长,劈刀犹能裁纸方

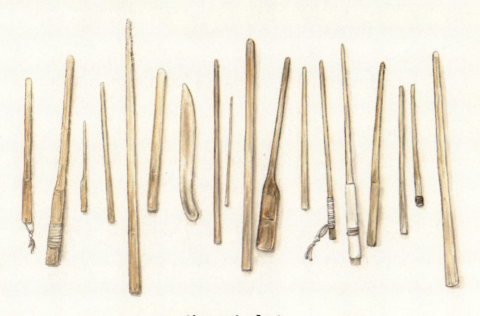

列队竹启子

不用裁为鸣凤管,不须截为钓鱼竿。

竹子在我国历史上用途广泛,可制成笛箫,奏响自然之音;也可截为钓竿,尽舒渔父逸闲。当风声穿过成片竹林,高耸入天的竹子随风簌簌摇摆的景象总令我这个北方人备感新奇和兴奋。

著名文物鉴赏家王世襄整理的其舅父金西厓《刻竹小言·简史》中有这么一段话:

> 竹之始用,远在上古。操作之具,起居之器,争战之备,每取给于竹。六书盛行,削竹为简册。

在我国,从斫制征战的兵器,到书写文字的竹简,再到民间生活所用的竹编箩筐、毛笔竹竿,随处可见到竹制品的身影。古籍修复行业里,也有一个重要的竹制工具——修复师的"竹启子"。

1. 知竹善用

竹启子,也可写作"竹起子"。我更偏爱"启"胜过"起",因其有着"启程""开端"的含义,似是引领我们在修书补破的工作中一切向好。

竹启子是用刀削出来的,刃部薄如刀片,呈半圆形或宝剑形,另一端竹柄多是保持竹节原有形态,是为方便手握。竹启子专用于修书和裱画时裁纸、揭挑书页、划折印痕等工作,是修复师手边常备工具之一。

起画:

即将画揭起来。从墙上揭下托裱平整的书画,需要用到竹启子,这一动作也叫"起画"。

宣纸国画刷上浆水,覆上褙纸,湿哒哒贴在纸墙上,四周上浆口封边,仅留有一指宽的小口,也叫"起口"。待画芯在墙上水气散尽,干燥绷平后,用竹启子从启口处轻轻伸进,上下挑开纸边,顺势抬手,斜向揭下。画作自墙上翩然而落,托裱后尽显十足的精气神。

裁纸:

在人们普遍的印象中,美工刀因其锋利和收放自如一直是裁切纸张最好的工具。尤其在裁切复印纸或较厚的纸张时,必不可少。但若是面对质地绵软的单张宣纸或传统古纸,金属硬质刀尖似乎变成了一个无法避开的雷区,只能在软趴趴的纸张中间小心翼翼地向前推进,又保不齐某个瞬间,刀尖不慎碰触到纸面,立马戳出一个洞来,心里也跟着"咯噔"一下。

传统宣纸或古旧老纸多薄软,裁切无须势如破竹的力道,最好顺势而为。竹质刀刃的顶端比较圆润,不会伤及纸张,侧刃虽也利如篾片,却又保留了竹木温润的质感,更贴合纸张的柔韧,能顺利地从纸中穿行而过。

"唰"的一声，纸从折印处剖开，竹刀恰到好处的钝感，又在裁切边缘留出了细微的纸毛茬儿，正好用于修书补纸的搭口衔接。这一点，是美工刀所不能比拟的。

揭纸：

古籍修复工作除了修补书页外，揭书页、揭书签也是一项重要任务。一些破损古籍会有书页粘连现象，严重者甚至变成一方打不开的书砖。修复前，要先将粘连书页逐张揭开，小号的竹启子能于揭书页中发挥出重要的作用。

书签，是指贴在古籍封面上的签条，题有书名等信息。由于封面长期裸露在外，书签常常是一册书籍破损的重灾区。破损较严重的书签需要先揭下来，再单独修补。

若想揭开两张粘连多年的旧纸，斧劈刀剔是行不通的。倒是小启子超薄且圆润的一端刚好能够探进两张纸的缝隙之间，把握住稳稳的力道，再一点点地进行剥离。

虽然现代各类刀具很多，然而应对修书裱画一事，修复师们仍习惯沿用旧时的竹制启子，竹片利而不刚的刃部也更适宜在古老又泛着旧气的纸上操作，使用起来非常顺手。

翻页：

竹启子也叫"竹拨"或"书拨"，即便不从事修书工作，若是喜欢，也可自存一把精美的竹启子——用它来翻书，翻阅经折装或册页装的书籍。

用书拨来翻书，可避免手上汗渍接触书纸。常见书拨有竹、玉、翡翠等材质。一些现代新印古籍的礼品级书盒中，有时也见有随书附赠一把竹启子，便是效仿古人，以供翻阅使用。

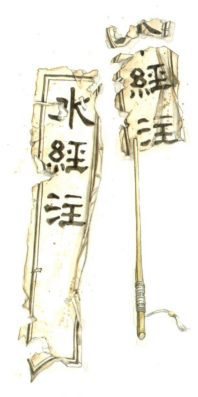

揭书签

揭书签

用竹启子翻页

偶得闲暇，不妨泡一杯暖茶，取一册仿古经折装或册页装书籍，执一把素色竹启子，慢慢翻看品鉴，在这不同寻常的翻阅方式中，照见一抹古人悠闲的展卷时光。

2. 削竹成刀

修复师们的竹启子几乎都是自制的。选料无须名贵，普通的毛竹就好。

毛竹，也叫"楠竹"，竹干粗大，竹皮坚厚，生长速度很快，在我国长江以南地区种植广泛，多用于打造家具和做建材的脚手架。

将一根长度约35—45公分的竹子劈成竹片，宽度根据手握的舒适度而定。启子的前端起点定在竹节位置为最佳，一来是取竹节坚硬，防止日后开裂；二来竹节处有微小的自然弯曲，便于起画下墙时伸进启口处。

新鲜带着青皮的竹片需要自然晾干或用火烤干，干燥后的竹子纤维老化、非常坚硬。限于地理原因，我几乎没拿到过新鲜的竹片，到手的都是干燥后的材料。削竹之前，要先放入水中浸泡数天，或直接水煮，让木质软化一下，更方便下刀。

削竹启子要有耐心，竹刀刃部要削至薄薄一片不是件容易的事情，最好配备专业锋利的削刀。

又因竹子是纵向纤维，如果不小心一刀削歪了，很可能直接劈掉半个竹片，就只能大启子改小启子；再劈错，小启子就改竹针吧。

所以最好是薄薄地、一层层地刮削，每次刮下锯末般的纤维即可，以铁杵磨针的毅力慢慢打造一把称手的竹刀。

若没有专业刀具，也可以在保证安全的前提下使用碎玻璃当刀用。

寻一个空酒瓶，套上塑料袋，往水泥地上一磕，酒瓶应声而碎。戴上手套，拣出稍大块的玻璃碴，手握的地方裹上废布，以防扎手。

用锋利的碎玻璃刮削竹片，大有削木如泥的痛快，足见事半功倍的效果。

加工到竹刃时要格外小心，注意不能削去外层竹皮，以免刀刃起毛茬儿，优质的竹刀侧刃应是既薄且光滑的。

削竹刀
玻璃碴子的
锋利度非常高
最主要是
用着
不心疼

碎玻璃削竹启子

竹启子制好后，用细密的砂纸反复打磨，可涂上一些蜡做润滑。在手柄处钻一个洞眼，穿上线绳或流苏，便于悬挂。

竹启子的刃部有裁切功能的要求，样式基本一致，手柄部分则是可供个人创意发挥的地方。心灵手巧的修复师们独具匠心，会在自制的启子上继续加工打磨。

桂林图书馆的何志刚老师是我知道的最擅于制作竹启子的修复师，经他削制的竹启子不仅仅是工具，更是精美的竹雕艺术，让人爱不释手。

新做好的竹启子呈发亮的黄色，带有竹子的光泽感，在修书人的手中反复摩挲使用，几十年后会变成褐色，甚至用出包浆。

历经岁月变得老旧的竹启子其实是最称手最好用的，它和修书人的手艺一样，随时间流逝却历久弥新，将古老技艺延绵不断地传承下去。

3. 称心神器

除了用竹片加工，废旧的毛笔杆、竹制茶针等等，都可以削成启子。修复师常用的启子总有大大小小好几种样式：有些用来起画，有些用来揭纸……各种精致的竹启子也展现着手艺人热衷于亲手斫制的爱好。

因竹启子是常备修复工具，古籍修复师们多会对竹林有着别样的情怀。当你看到一位修书人在竹林中若有所思，那并不是诗兴大发。他很有可能是在考虑怎么避开人群，偷偷溜进去砍回一截加工成趁手兵刃。不出意外，可能会带着你一起"作

竹启子从侧面看有弯曲的弧度 有一定的弹性 便于起画和揭纸

桂林图书馆何志刚老师制作的竹启子有精致的手柄

一袋竹启子

何老师的一袋竹启子

案"；出意外，就是你俩都被看林人抓个正着。

修书的年头久了，攒下来的长长短短的启子也有不少，每一根各有其用，并不会厚此薄彼，每次只依功能和用途来决定翻谁的牌子。

削一把精致的竹启子，需要几天的工夫，可能是自用，也可能是一个心意满满的礼品。我常用的竹启子是中国书店古籍修复师徐晓静老师亲手制作的。这是礼物，也是最好的工具。

互赠自制工具，是修复师之间独特的交往方式，别样的馈赠绝不会被束之高阁，定是要放在手边日日使用，充分发挥其实用功能，也在工作中欣然享受一份来自同行之间彼此欣赏、互相认可的信赖。

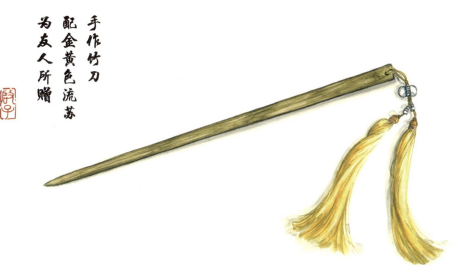

手作竹刀
配金黄色流苏
为友人所赠

徐晓静老师手作的竹启子

在科技发展、流水线生产当道的今天，还有什么比一个纯手工打造的礼物更能让手艺人倍感珍惜呢？

"工欲善其事，必先利其器"。精巧的工具也需与良工精湛的技艺相匹配，否则工具再好，也终不过钝器一枚。

《楞严经》里写道："譬如琴瑟箜篌琵琶，虽有妙音，若无妙指，终不能发。"

妙音之于妙指，亦如工具之于技艺。打磨竹启子的同时，也不能忘记要磨炼自己修书的手艺。工具与手艺二者互为神器，才能更好地完成为古籍续命的任务。

江湖里有刀光针影

刀光行处见丹心，针定乾坤立方寸

倘若将古籍修复的世界比喻成一个江湖，那么修复师就是与虫蛀、鼠啮、老化、霉变奋勇厮杀的战士。在抢救古籍、与时间赛跑的过程中，到处充斥着危险，即使修书高手也很容易中招——比如颈椎病、慢性鼻炎、哮喘、霉菌过敏，甚至肺癌。

为让断章残卷重获新生，修复师们除了施展高超的技艺，还要亮出手中运用自如的"兵器"。

1. 北刀

见过大刀，见过菜刀，没见过这么大的菜刀，这可不是用来砍瓜切菜的。

这把用来裁书的大刀收藏在北京琉璃厂中国书店肄雅堂古籍修复展览室的展柜里，尺寸很大，铁质的刀身非常厚重，在所有修复工具中是最抢眼的一个。

它的上一任主人是中国书店古籍修复师、国家级非物质文化遗产代表性传承人汪学军老师，大刀是由汪老师的爷爷专门打制用来裁书的。经过祖孙三代执掌，在中国书店为传统古籍装订和修复工作立下了汗马功劳。

使用这么大的刀来裁书，听上去似乎很不可思议。

没有电动裁纸机的时代，古籍书页纸张都是手工裁切。尤其是

大刀汪

中国书店藏裁书大刀

新装订的古籍，书体边缘常是参差不齐，影响美观，需要裁切书边。

现在我们裁书多是用美工刀，按尺寸一册一册裁切。但总不如整套书一刀切下去的速度快。而这一刀切下去的齐与不齐，关键要看刀的质量和执刀人的手艺了。

七斤半重的纯铁大刀，普通人提起来都费劲，汪老师家一用便是三代传承近百年。

早在解放前，汪家使用大刀裁书的绝活儿已是名震京城——琉璃厂、隆福寺一带的知名书铺都找汪家裁书，"大刀汪"的名号便是从那时候开始叫响的。

《北京非物质文化遗产传承人口述史·肄雅堂古籍修复记忆·汪学军》一书中，记载了汪老师对大刀裁书的回忆：

> ……一天得裁几十刀书。这一刀书大概四到六本，看书的薄厚，得把三面裁齐了，还得正反刀，正面裁了，反面裁，哪像现在壁纸刀只能一本一本地裁，刀口不平，而四本一起裁，刀口要平得多。

摞齐平整，是一套书应呈现出的最佳状态，书册整齐能带给人良好的视觉观感。倘若装订后的书边有参差毛茬儿，可能连带着前面的修补功夫都白费了。

现在有电动裁纸机，功力很大，裁切较厚的复印纸、卡纸等方便快捷。但古书纸张又薄又软，在器械切刀的钢刃下很容易打卷、断裂，甚至面临书体被裁裂的风险。

唯有手工裁纸，才能控制好手下力道和心里的准头儿，才最安全。至于裁切的力度需要多少，那就不是语言文字能说清楚的了。传统工艺多来自人们的实践经验，这是修复师之间彼此了然于心的意会，恰如拈花微笑般难以言传。

创建于清朝光绪年间的肆雅堂，以经营古书为主，同时开设字画修复和装裱生意。经历了一百多年的风雨，至今依旧承担着保护古籍、修复字画和碑拓的任务。2008年，肆雅堂被列入国家级非物质文化遗产保护项目。

可惜没有见过汪老师使用这把大刀裁书的照片资料，只能通过口述文字记录，联想当年一刀裁下去的气势如虹。

辗转光阴，当后辈人开始修书时，大刀也随着主人的退休，安静地放置柜中成为文物展品，成为中国书店古籍修复历史记忆中的一部分。

这把刀没有再打磨过，袒露着斑驳的痕迹，向观众讲述古籍装订与修复这一行业曾经的过往，也见证着旧时中国手工艺人生活的艰辛与不易。

2. 南刀

其实刀就是刀，本不分南北，只为叙述方便，我酌将它们按所在地理位置，冠上易于分辨的标题。

站在北京城内，看向四方，北枕居庸，南俯中原。就这样一路向南吧！走过洛阳古寺，穿过荆楚栈道，流连在洞庭之滨、九嶷之巅的氤氲山雾里。

北宋灭亡后，南宋在长江以南偏安一隅，浙派古琴家郭楚望从九嶷山上远眺故国，将对家国沦亡的伤痛与哀思倾注在七弦琴上，创作出著名古琴曲《潇湘水云》。

山水茫茫，琴声渺渺，往昔厮杀的征战没入湘江烟水，远逝久矣。改朝换代的风云次第更迭，而传统文化技艺在匠人们的手中代代传递。

走过九嶷山南路，停驻湘江东岸，在湖南图书馆的古籍修复室里，一口大镰刀握在修复师的手中，灵活地穿梭于纸张之间，几张大纸随刀而破，被整齐地裁开了。

镰刀？对，就是飘扬在党旗上，又常见于田间地头，广大劳动人民心目中割草刈麦的好工具。不知何时，镰刀走进古籍修复的队伍中，专为裁纸而用。究其原因，大概不外乎"好使"二字。

裁纸，是修书的基本工作，从厂家买来的传统纸张通常尺寸很大，普通四尺宣纸是68cm×138cm，更别说还有六尺、八尺和丈二等。

修书用纸量不多，要先裁成小尺幅。若是一张张裁起来，肯定耗时费力，不如数张叠起，一并下刀，更来得便捷。

薄薄的美工刀片是经不起这种考验的，极费刀刃不说，刀尖也很容易把薄纸扎破。而用镰刀裁大纸可是轻松多了。十来张纸随刀划过，应声而破、豁然开朗。

如果说上一章节里介绍的竹启子适合裁切单张纸，那么大镰刀就是同时裁切多张纸的最佳工具。

常言道"工欲善其事，必先利其器"，其中的"利其器"，指的就是适宜的工具会让人用着顺手，给操作带来一种舒适感。这种体会，常做手工活儿的人心中最是明了。工具好用与否比精美专业的外观造型更重要。

裁纸大镰刀

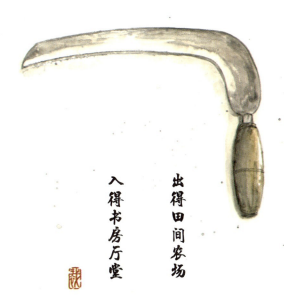

出得田间农场

入得书房厅堂

湖南图书馆藏大镰刀

记得某年，路过日本京都的一家刀剪铺，我看中了一款专事裁纸的大刀，日货精工，轻便又锋利，顿时爱不释手。但终因换算后四位数的价格，无奈只能与它擦身而过。后来见到湖南图书馆的大镰刀，忽觉原来我们也有国产好货可用来裁切整纸，并不比日本的裁纸刀差！

修书裁纸，需持镰刀上阵，从另一方面讲，也说明我们的修书工具曾经多么匮乏。古籍修复一直属于小众行业，很久以来，几乎没有专业生产修复工具的商家，因此修书人都习惯了自制兵刃，时常也将其他行业的工具拿着使用，只要好用就行。大有"江湖英雄不问来路，兵器也莫问出处"的架势。

湖南馆的这把大镰刀，在老一辈修书师傅的手中不知裁开了多少张纸，现在又传给新一代的修书小匠们。锃亮的刀刃证明它一直被使用着、被爱惜着，也将继续陪伴修书人，一辈辈地走下去。

3. 大剪刀和小剪刀

自古以来刀剪是一家。

走过安徽泾县灵秀的山水和徽派乌瓦白墙的村庄，在红星宣纸厂里，我见到了一柄巨大的剪刀。

这怎是一个大字了得！大到据说江泽民同志曾为它题词："天下第一剪。"

在传统手工造纸行业里，"刀"这个字，不只代表一种工具，也用来表示纸张的数量。一刀，即是一百张，过去也有七十张一刀的。造好的纸张垒成一摞，纸边参差，还要裁剪掉边缘的纸渣毛茬儿，盖上纸坊印章，再对外售卖。

泾县"天下第一剪"

这么多的纸,不可能一张张裁剪,最好能够一次性裁好一摞,才能赶得上做生意。

中国宣纸以青檀树皮和沙田稻草为原料制作,发源于泾县丁家桥镇小岭村,泾县古谚语里说"穿靴戴顶茂林吴家,开仓卖稻云岭陈家,冲担打杵小岭曹家,叮咚踢踏后山张家"。

"天下第一剪"即是由后山张家所制、专用剪裁大尺寸宣纸的剪刀。其造型异于寻常剪子——两个相互咬合的巨大的刀片,使它看上去更像个铡刀,唯有后半部分稍显小巧的剪刀柄,才让人相信这是把剪子。

曾在红星造纸厂做过剪纸工的丁大姐说,负责剪纸的基本上都是女工,要先学习半年再上岗,把纸放在桌边,张开剪刀的刃沿,一刀呲过去,要掌握巧劲儿,一刀纸边就裁齐了。

新抄好的纸张叠放一摞

直到现在,泾县手工造纸仍采用原始方法剪裁纸边,一剪下去,保证边缘整齐,不用返工。

这把天下第一剪,应是剪过了许多红星纸厂新造的宣纸,如今退役封神,挂在墙上,供人参观瞻仰。黑黢黢的刀身在日落斜阳中时现辉光。想必如若重新打磨开刃,还应是神勇不减当年吧。

不过吾非剪,安知剪不想退休。在泾县这片造纸圣地,与满山的青檀树为伴,看花开花落,度春秋往复,做不做天下第一,又有何妨呢?

大剪刀不常见,小剪刀却常用,作为古籍修复必备良器之一的剪刀,修书人通常备有大大小小好几把,各有不同用途。

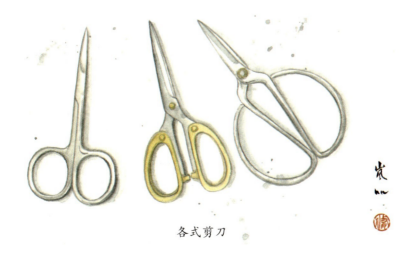

各式剪刀

剪刀在古时候还有个雅号,叫作"齐司封",出自南宋学者林洪的《文房图赞》。林洪受韩愈《毛颖传》中把毛笔当作人物来写的启发,效仿唐代文学馆内的"十八学士",将十八种文房用具分别给予官职、姓名、字号,并白描绘图,作辞赞美。故原本属劳动工具的剪刀,在文人墨客笔下、堆词砌藻的风雅中也跟着加官晋爵了。

小剪子的用途很多,剪纸条,剪线头,最能体现修书功夫的是剪齐书口。

一册古籍修完,装订之前,书芯的上下书口边缘需要手工找齐。如果是边缘接出新纸的书,可以用刀裁齐。但倘若纸边还是原书纸,就不能刀裁了,最好也不要打磨。老纸在打磨时撕裂起毛的风险很高,很伤书体。传统办法还是要用剪子一点点地剪齐。

剪书边,不能一下子剪多,只能一页一页地剪,同时顾及前后书页纸张的高度,真真是细致活儿里的慢功夫。

2020年,国家图书馆"妙手补书书可春——全国古籍修复技艺竞赛暨成果展"上,一等奖修复作品《唐文粹》的书口边缘就是用小剪子剪齐的。

这本书很厚,书册平放,下脚边缘刚好面对观众,能够一目了然书口的整齐程度,看上去非常舒服。

修完看着舒服,应该是对修复师手艺的最高褒奖了。

观展中,偶遇国家级古籍修复导师朱振彬老师,我不禁问道:"这要剪多久呢?"

朱老师说:"修书讲究三分补,七分修,最深的功夫就在修的上面了。"

后来又询问了修复《唐文粹》的田婷婷老师,婷婷老师笑着说:"就是一点点剪啊,慢慢剪就好了。"而她也的确是这样,在工作中一点点、慢慢地剪着书口,并无什么绝招秘技。

光阴多变幻,时间在婷婷老师的剪刀下变成整齐细密的书口。这不是一朝一夕的功夫,是经年累月的经验,又一点点在工作中为自己加码,最终深化为修书人对古籍的责任感,并造就为一种专业能力。

七分修,也要下十分的功夫。寻常小剪子,因为使用者倾注了不同的用心,才能呈现不同的剪裁效果。

想到这里,我羞愧于自己的懒惰。

《唐文粹》书口(拍摄于国家图书馆展厅)

4. 针锥

和前面介绍的各种大刀、大剪子相比，针锥实在是个很小的物件，但对修书工作也同样有着非常重要的作用。

针锥，可以用来扎眼定位、划纸折边、揭挑书页。修书师傅们的针锥很多也都是自制的，而且每个人做得都不一样。

制作针锥并不难，先准备一小块木棍和一根针。木棍横截面中间用锥子钻一个小眼，钻深一点。然后用钳子夹住针头，针尾部涂些乳胶，塞进木头的小孔里，向里面使劲捅一捅，扎深些。

确定针头正了、针尾黏住了，待乳胶干后，针锥即做成。木棍可以用书画装裱天地木杆的下脚料，也可以用一小段竹节，尽显古朴质感。

还有一种裹锦绫的做法：裁一张结实的皮纸，涂上糨糊，紧紧裹住针的后半部，一层层卷紧，确保针在里面不会晃动。缠卷出一个完美的圆柱体，成为针柄。

再选一块漂亮的锦绫，涂上糨糊，绕针柄裹一圈，给它加上一个华丽的外衣。尾部还可以缀一枚漂亮的玉石或珠子，增添中式美感。

除了传统做法，利用滴胶工艺制作也很流行，可将漂亮的花草、亮片封进滴胶里，晶莹剔透，像个精美的艺术品，充满现代风格，颇受年轻人喜爱。

针锥不仅是我国的传统修书工具，西方人修书也同样会用到，并且针锥和竹启子一样，都是修复师之间喜欢互赠的自制手作礼品。

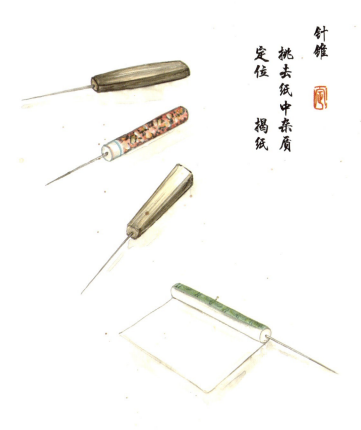

针锥

挑去纸中杂质
定位　揭纸

针锥

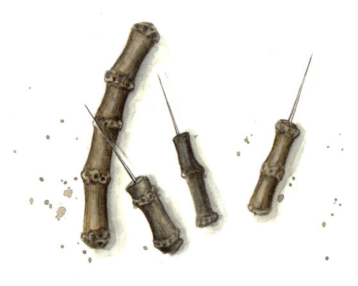

田婷婷老师自存竹节针锥

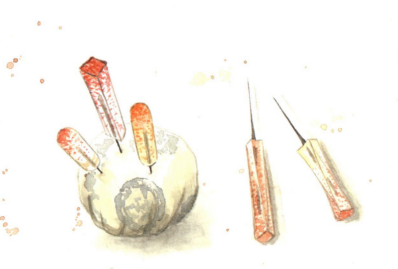

北京师范大学图书馆葛瑞华老师自制滴胶针锥

一块木块做成的针锥是一位美国友人送给我国古籍修复专家杜伟生老师的礼物

美国友人赠与杜伟生老师的针锥（田婷婷老师提供资料）

针锥主要的作用是在纸上扎眼定位。如裱画时，需要先将托好的画心裁切方正。传统方法无须用尺子比量，仅利用针眼定位，也能将一张纸裁成四边直角的长方形或正方形。这一操作也叫"裁方"。

此外，古人在没有栏线的纸上书写时，也常通过针锥扎眼的方式规划文字的位置。

取一册没有栏线的古籍抄本，透光细看，或许会隐约看到有文字的地方藏着点点针眼呢。

修书工作中，针锥除用于定位，也能够辅助揭纸。

书页粘连的老旧纸张酸化脆弱，干燥状态下一揭就碎，喷水润潮后，纸张虽稍稍变软，但仍旧糟朽没有拉力，很难徒手揭开。这时可以利用针锥尖细的针头，伸进纸张缝隙间，慢慢揭挑粘连。

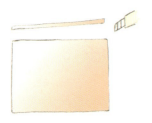

先裁齐一边

1.

齐边对齐重合

对折时不能压实，
仅为对齐纸边

扎针眼

2.

打开，两个针眼连一线
裁掉一边

3.

扎针眼　对齐纸边　扎针眼

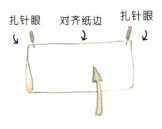

上下裁齐的纸边重叠对齐

4.

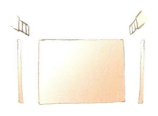

打开，沿上下针眼
裁掉左右两边

5.

四边裁完，画心平直周正

6.

纸张裁方步骤图

因为针眼和划痕太小、太细，在修复完成的书籍里，很少有人注意它所留下的痕迹。这些印痕被压进书里、藏进纸中，不起眼，却有着很大的意义。一如我们只有定好了位置，才能找准前行的方向。

5. 镊子

修书人常用小工具清单中，除了刀、剪、针，还要有镊子。

如同剪子有个"齐司封"的官名，镊子也有个戏称，南朝著名书法家王僧虔将镊子叫作"却老先生"。

唐代冯贽《云仙散录》记：

> 王僧虔晚年恶白发，一日对客，左右进铜镊。僧虔曰：却老先生至矣，庶几乎？

"却老"，意为推却衰老。王僧虔常让仆人用镊子给他拔白头发。可见古时候人们已用上了铜镊子。

镊子算不上刀针类的利器，多在修复中作为拈纸、择挑纸上杂毛的工具，发挥着独特作用。

托裱书画时，浆水刷在纸上总会有一些不结实的排刷笔毛断续脱落，遗留在刷子走过的地方。刷毛细小，手指根本捏不起来，这时可用小镊子将刷毛一根根夹出去，不让一根漏网之毛滞留在画芯上，又不碍浆水铺于纸面。

修书时，补纸与原书纸的搭口部分也常使用镊子来择边。镊子沿着缺损的边缘，将纸张搭口纤维状的毛茬儿择出。修完

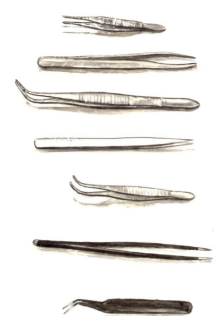

镊子 郝老君

各式修书用镊子

后，补纸与书纸隐隐衔接，既要结实牢固，又要让人摸不出书册修补搭口的厚度，择搭口，也需要一定的功夫呢。

在揭开粘连书页的工作中，镊子经常与前文所写的竹启子和针锥并肩作战，轮番上阵，易于快速揭纸和揭书签。我常将它们戏称为"揭签三剑客"。

镊子在市面上很好买到，大大小小的、尖头的、圆头的……各式各样，至于哪一种适合自己修书，就要看个人习惯了。

修书人的镊子用久了，会有专属于自己的手感。倘若换个一模一样的给他，也能立刻从拿捏的紧度中察觉到不是自己常用的那一把。

手感和经验，是传统手工技艺的一大特点，也是很长一段时间以来，技术依托人的力量而存在和传承的基础。

撕去多余补纸
留下窄细的搭口
古籍修复的功夫

镊子撕补纸搭口

古籍修复工具还有许多，如喷壶、尺子都是常用物品，没有在此赘述。我仅从中挑选了一些不太常见的工具做一番简单介绍。刀、锥、针是具有危险性的金属利器，使用中还应安全第一。

　　以往修书人所用的工具要么自制，要么拣称手的使用。近年在国家对文献保护的重视下，也有了一些专门制作古籍修复工具的商家，设计出的修书工具精美又实用。但这并不影响老师傅们依然保持着在生活中寻觅适宜工具的习惯：木匠的工坊里、牙医的操作台上、裁缝的工具箱中……这是职业病吗？还是修书人难能可贵的职业热情？

　　任何学习都是一个见山、见水、见自己的过程，修书亦如修行，只有精进技艺、用好工具，才能在面对破损文献时临危不乱，谨慎处理。

　　慢慢学、认真修，江湖路上无定数，不知下一次又会遇见什么样的残书，抑或又遇见哪一样好用的工具。

揭书签

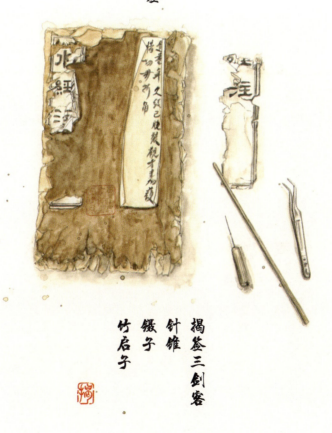

揭签三剑客
针锥
镊子
竹启子

揭签三剑客

紙

修书·宜纸

裂帛零落寄无凭,漫寻仙衣连断续

如果用一个特定日子来形容古籍书的破损，应该是鼠虫活跃的"惊蛰"。

各种小书虫盘桓在书角、书脊和字里行间大快朵颐，留下满是污渍的残局，给修书人带来不少麻烦。

1. 选纸

修补书上破损是古籍修复的基本工作，在这之前，还有一项更重要的任务——选配补纸。

以前的老师傅们常说：补纸选得好，修书就成功一半了。可见选纸的重要性。适宜的补纸与精湛的修复技艺是彼此相携的并行存在。

补纸与原书纸怎样才算配一家呢？用一句老北京话来形容："它俩要能说上话儿。"

说上话儿，在人与人之间叫作"投缘"，两人在性格爱好上必是有一定的相似度。有缘分的两张纸，自然也需要各个参数相匹配才好。

在《古籍修复技术规范与质量要求》中，对文献修复所需补纸的要求为："补纸要与书叶质地、厚薄及颜色相近。"

纸张质地、厚薄相近不难理解，而在颜色的选择上，我们会使用比原书纸略浅一些的纸张。补纸颜色"宁浅勿深",这也是古籍修复行业里心照不宣的规定。

因为随着时间推移,纸张还会继续老化,颜色也会越来越深,纸张的酸化还会相互传染,书页缺损处较深的颜色会以你看不到的速度,逐渐传染到与其接驳的补纸。

倘若补纸的质量较差,色泽可能会过早变深,继而又传染到书上。虽然这一现象或许要等几十年后才会发生,但于当下,我们务必要提前为文献的安全未雨绸缪。

材料的安全性,纸张的厚薄、颜色相宜,纸张帘纹一致等等,都是不能绕过的硬性规定。只有补纸选配得宜,修复后的书籍看上去才更舒展美观。适宜的补纸在延续古籍寿命的同时能展现出书籍特有的年代感,体现曾经的审美。

薄薄的手工纸,透光度非常好。选配补纸时,我们习惯拿一张纸放在书上看效果——看颜色、看横竖帘的宽窄。但有时容易忘记,纸只有一张,而书是一摞纸。因此应该将单张纸与单张书页对比,双层纸与对折的书页对比。将补纸垫在缺损处,让二者处在同样厚度中对比,放在自然光源下观察,才能更清晰地分辨纸张颜色与薄厚。

又因古纸是手工抄造,每一批次的颜色都略有差别,以淡黄色的仿古色纸张为例,乍一看颜色差不多,但细看深浅却又有很大区别。单张纸对比时,可能与原书色差尚小,但叠成一沓之后,补纸颜色加深许多的现象常常存在,甚至与原书纸张差异明显。

因此,若遇到书中有上下贯穿、书体缺失一大块的破损情况,应将补纸按书页层数叠摞起来，码到相近厚度，再来对比选配。

修书的工作不仅是细微处的粘粘补补，还要随时从宏观角度把握书籍整体效果。千万不要等书全修完了，才发现配纸违背了"宁浅勿深"的原则。修书已经很辛苦了，尽量避免让自己陷入"返工or不返工"的纠结中吧。

修复古籍所用的纸张，基本都是传统手工纸，这些纸张在材料和工艺上都与古籍书纸最为接近，种类也有很多，按原料大类可分为：麻纸、皮纸、竹纸、草纸……每一个大类里又有许多小类，如：檀皮纸、桑皮纸、苎麻纸、白麻纸、混料纸……林林总总。盘点数来，尽显我国古代造纸技术的发达和

盛放旧纸条的盒子
还有好几个

修书用的旧纸头

盛放补纸条的盒子

纸张品种的丰富。中国传统手工纸的种类与名称众多，绝不是书画店里"宣纸"一词就能笼统概括的。

手工纸因保持人工抄造的方式，产量较低，并且价格不菲。修书的用纸量不多，也要节约使用。没用完的小纸条还要收起来，说不定日后又在哪张书页的边角处再为它们找到归宿。

久而久之，桌案上留出了一盒又一盒的旧纸头，若到退休时还没有用完，那就留给后人继续存着修书吧。

手工纸在修书人的手边熬着岁月，历经春秋，从新纸变成老纸，一代代地传下去；修书人的手艺也随着旧纸，一辈辈地继承起来。

修书选配纸张时，还要根据具体情况因地制宜，并不是越贵的纸就越好。比如宋元以前的文献多为麻纸，目前市场上麻纸的价格也较贵，产量不多，但宋元前期的古籍书存世较少，修书时几乎很少用到麻纸。

留存至今的古籍绝大部分以明清时期为主，华北及华中一带的民间古籍尚以竹纸居多，南方家谱类文献则使用皮纸较多，西南民族地区的古籍纸张原料又具有地域性特点，配纸上还需要仔细斟酌，区别考量。

还有一些晚清近民国时期的书籍，由于当时国力衰微，所刻印的书籍品相较差，纸质也不佳，纸张老化更加严重，如果硬是搭配韧性很强、质地较厚的补纸，修补效果很可能适得其反，反而会加速书页开裂。

修书人不一定对纸张有特别专业的了解，但基于和纸打交道的职业特点，总归要多懂一点手工纸的性格，才更有助于修

自存旧纸

20世纪80年代馆藏旧纸

复工作。

当然，最好的补纸莫过于从原书里撤下不用的纸，如同原汤化原食，是自家人进自家门的随意舒适，更能将"修旧如旧"的效果展现得浑然天成。

不过现在的修复原则讲求最小干预，古书里的每一张纸都具有文物价值，即便无字，也不能随意撤换。故如今用原书纸修补的机会并不多。大多时候，修书人还是得自己来寻找选配补纸。

古籍修复工作虽然用纸量不大，所需种类却要相对齐全。屯纸，一如女生屯衣服，无论买了多少，打开柜子的瞬间，仍然觉得少了一件。

不知是第几次，拿着待修的书站在纸架前踌躇，脑中闪过某次见到的适合的纸张，放在哪一层？似乎还有其他更合适的纸，又是在哪一层？

想得差不多了，收心、出定，将刚才在心中挑出的几个种类一一搬出，然后像一个挑剔的品鉴师，拿着书挨个儿对比挑选。

倘若还是不满意，那就只能自己染纸了。

2. 染纸

染纸的方法有几种，比较省事的用国画颜料直接染；也可以用矿物颜料调兑稀释的骨胶水刷染；或者熬煮植物染料，比如以前人们常用的橡树果实的壳，也叫橡椀子，以及现在使用的栗子壳，还有茶叶等等。用植物染料析出的汁水能在白纸上染出仿古旧色，这也是旧时文玩市场常用来给纸张做旧的传统办法。

在很薄的传统手工纸上刷染料不能图速度快，浓稠的颜料能够一次成色，但待到修书时，纸沾湿了浆水，必会还你点"颜色"看看——挂不住的颜料浮在纸面上，很容易泅水脱落。

由于修书使用的纸张质地都比较薄，所以只能耐着性子，用排刷从较淡的水色开始一遍遍渲染，就像工笔画中反复晕染一样。只有这样，颜色才能稳定地渗透进纸中，晾干后色彩也会更均匀。如用国画颜料染色，在使用前，还要把纸张放进蒸锅里蒸一下，达到固色的效果。

除了颜料染纸以外，植物染色也是常见的方法，捡六七个栗子壳洗净，丢进锅里，倒入冷水，咕嘟嘟地煮开。熬煮时间越长，水的颜色越深。染料煮好后，再筛去杂质，用浸染、拉染或刷染等方式给纸张上色。

厚一些的纸可单张染，很薄的纸可几张叠摞在一起染，晾干后，再逐张揭开。

古籍纸张的色差深浅很是微妙，染纸调色应反复对比实验，多染出几张，以备候选。

补纸准备好了，接下来的修补工作才好继续开展。古籍修复里的慢功夫，就这样一点一滴体现在每一道工序中。

染纸修书方法运用在纸质文献修复工作中由来已久。到了当代，专业人员深入研究分析纸张的各项指标参数，发现纸张的酸碱度对书籍老化速度的影响非常大，酸化会导致纸张脆化断裂，而植物染液明显偏酸的数值也不容忽视。由此，让人不得不担心，使用染色补纸修书，会不会加剧书籍老化，对书造成二次伤害？因而也产生了一些争论，又有不建议染纸修书的

刷染
纸张一层层叠摞
晾干后再揭开

染纸-刷染

染纸
刷染后
将纸搭在
横杆上
晾干后
一张张揭开

染色后晾纸

说法。

但从修复师的角度来看,如果以后真的不允许染纸补书,那么与染纸相关的一系列传统技法是不是也会随之消失呢?

我国传统非物质文化技艺绝大多数来自民间,旧式教学多为口传心授,在旧社会未能建立完整的理论体系,但是每道工序的传承也并非单点存在,若将其中一环丢弃,会不会关联影响到其他分支技艺的发展与相关知识体系的构成呢?今天的修复理念又会否在未来有所改变,甚至被推翻呢?

古籍修复的日常

未来不得而知,人类历史文化的发展总是在多元的融合与舍弃的遗憾中交互前行,我们的文化记忆也是在这样的反复更迭中绵延存续。

总而言之,为古籍选配补纸并不是能够快速掌握的技艺,要在实践中多学习、多了解各种传统纸张的种类和工艺特点。

初来修书时,看哪种纸都好,色泽、薄厚差不多就行了;慢慢的,就开始在意起不同的色差,继而留心每种纸的特征和制作过程。

之后，越是见纸多了，眼光也越发挑剔：颜色、薄厚、帘纹、成分，包括湿水干燥后的伸缩性等等。关于纸张的每一项，在配纸时都会被提出来参照比对。尤其面对一些珍贵善本的修复时，甚至长达十天半个月都还在为选配补纸而操心。这是对工作的精益求精，也可以说是修书人追求完美、吹毛求疵的强迫症。

仔细遴选纸张，目的无非是为古籍找到一张能跟它"说上话儿"的补纸，为让破损文献在修复后端庄、安稳地度过下一个百年而费尽心思。

古道丽江·遇见东巴纸

斫枝剥叶历水火，别转花溪迎神来

修书人对手工纸的执着与好奇不是一天形成的，在经手触摸过许多册古籍文献，撕开又粘贴了许多种纸张后，蓦然发现，自己对每日所接触的古纸知之甚少，继而开始自省，开始对传统造纸工艺历史心生敬畏。

关于寻访手工造纸的文章，有浙江图书馆汪帆老师的《寻纸》一书珠玉在前，为我们了解中国传统手工纸工艺和发展演变提供了丰富的参考资料，也让修书匠们开始在旅行中留意沿途的纸坊。就像这次路过云南丽江，幸而没有错过与东巴纸近距离接触的一次机会。

1. 化浆成纸

蓝天、艳阳、玉龙雪山，弹唱的民谣从古镇民居里飘荡出来，湮没在丽江古城的喧闹声中。沿着古城蜿蜒的河流，踩着青石板路，穿过小巷两旁的叫卖声，一路寻找来到"东巴纸制作体验中心——省级非物质文化遗产传承基地"。

东巴纸是丽江著名的旅游产品之一。记得十几年前来到此地，贩卖东巴纸的铺子还多是路边摊，摊位旁坐着纳西族老人，为买纸的游客书写东巴文祝福语。

如今路边摊没有了，到处是装潢考究、店面一致的"东巴

丽江古城

纸坊"连锁店，出售以东巴纸为主的各类文创商品。以前坐在小板凳上写东巴文的老人们也不见了，只有自己也说不清楚东巴纸从何而来的店主不断向路人吆喝着，招揽生意。

古城的道路阡陌崎岖，一如凡夫难以调服的迷茫心性。

几经询问和数次迷路，我终于在五一街教堂旁的夹道里看见"手道丽江——民间手工艺馆"的招牌。省级非物质文化遗产东巴纸造纸技艺传承人和秀昌老师正坐在这个豁然开朗的院落中。

院中摆放着炉灶、水槽、木碓……种种物件显示，这里的确是一处古法造纸坊，我难掩心中欢喜。

和秀昌老师有着纳西族人特有的黝黑皮肤，笑容亲切。向他说明来意后，和老师用不太流利的汉语说："你来对地方了，其实古城里纸坊卖的基本上都不是东巴纸，因为制作东巴纸的原料根本没有那么多。"

中国传统手工纸以植物纤维为原料，制作东巴纸的植物有丽江荛花和澜沧荛花两种，澜沧荛花在纳西语中叫作"弯呆"，意为长在高山上的荛花，这种荛花分布在海拔2000—2700米的石灰岩土壤中。丽江荛花的纳西语叫"阁弯呆"，常见于海拔2600—3500米的杂木林下、松林中、荒地灌丛以及路边，由于生长在高寒山区，它们的生长速度缓慢。

云南丽江和香格里拉都盛产此两种荛花，从而造就了东巴纸这一特殊的纸张品种，载以东巴文字流传于世，形成纳西族特有的东巴文化。

纸坊墙上的宣传板上详细写着东巴纸的制作过程：要经过

剥皮、晒干、浸泡、蒸煮、舂料、抄纸、晒纸等近二十道工序，才能最终将韧性十足的荛花树皮完全捣碎成浆，浇制成纸。

"先帮忙剥皮吧"，和秀昌老师从一个大缸中捞出一把水浸泡过的荛花树皮，树皮不知在冷水中泡了多久，摸起来冰凉扎手。

和老师拿起一条树枝说："把外面的硬壳剥掉，留下里面的内芯儿。"他熟练地向我演示操作。

剥离了树枝外层的黑皮，内里柔软的穰皮便是制作东巴纸的原料了，蒸煮过的穰皮再经过剁碎，锤碓，在千锤百炼中打散成细小纤维，直至化为絮状的纸浆。

而之前剥去的树枝外壳也没有浪费，它们被送进燃烧的炉膛，成为蒸煮下一锅荛花树皮的燃料。同树同根同芽，一个粉身碎骨，一个燃烬化灰，最后又殊途同归，成就一张张东巴纸的诞生。

穰皮在第二次蒸煮后，仍需手工拣除杂质，黑色硬斑星星点点，像一张张布满蛀洞的书页。

"怎么可能全择干净呢？"看着密密麻麻的黑斑，我感觉眼睛都要花了。

"尽量吧，后面的工序也要不断地拣除杂质。择得越干净，做出的纸也就越白净。"和老师一边低头择树皮一边说。

不管平日是否有游客，和秀昌老师每天的工作就是不停地煮皮、舂料、晒纸，一遍又一遍地剔除原料中的杂质，从他的家乡玉龙县宝山乡果乐村，一直到今天丽江古城的深巷大院里。他自小便跟在父母身边采荛花、剥树皮，到今天建立"丽江百

锅灶 蒸煮树皮

名工匠"个人工作室,为一批批前来参访研学的学生和游客们讲解东巴纸制作工艺。

造纸的工序不变,造纸人的坚守与耐心也从没有改变过。

在丽江的这段时间,新冠疫情尚未结束,古城游客稀少。整个下午,偌大的院子里,只有我一人跟着和老师忙前忙后。

有关造纸的文章虽读过不少,但实地操练起来,才切身体会这真是一个费功夫的体力活儿——用菜刀剁木芯,剁不了几下胳膊就酸了;用脚踩木碓舂料,踩不了几下腿又酸了;放到竹桶里捣料,没捣几下手又酸了……若是回到靠体力劳动吃饭的年代,恐怕我要饿死八十回不止。

东巴纸原料　蒸煮后的树皮

剥出来的穰皮

东巴纸原料

丽江东巴纸传人：和秀昌老师

费一番功夫，最终将皮料捣成了稀碎的纸浆，哗啦啦倾倒进水槽中，如同一团团淡褐色的絮状云朵，漂浮在水里，然后用木框捞出。两手握住木框，使框子保持水平状态，缓慢抬起，纸浆在框中平铺的纸帘上形成了一层均匀的膜。

纸帘是活动的，可以脱离纸框单独取下。将捞出的纸迅速贴到木板上按压，挤出多余水分。之后撤开纸帘，把木板放到阳光下晾晒。

丽江的阳光具有高海拔地区特点，强烈而耀眼，在没有云层遮挡的时候，日光会直白地向你传递太阳的热度。

待纸张晾干，再从板上揭下来，一张东巴纸便做好了。

短短几行文字，其实无法说尽造纸过程的复杂——捞纸前要不停地搅动水槽，防止纸浆沉淀；双手抬起纸框时必须稳稳地保持水平，以确保纸张薄厚均匀；最后挤压水分，要使出洪荒之力，才能让纸牢牢贴住木板……

每一个步骤都是在经年累月的实践中才臻至熟练。非物质文化的魅力也总要由传承人来展示，才能让大家领略到其中的精彩与奥秘！

2. 神在雪山

东巴纸诞生于纳西族，是民族文化产品。它不像中原地区的宣纸那样薄软、细腻，而是坚挺厚实，甚至厚如卡纸。

品质好的东巴纸呈象牙白色，未充分打散的纤维纸毛和手工制作痕迹坦荡荡地滞留在纸面上，植物皮料的质感尚未完全褪去，就像布满积雪、纹路清晰的山麓，又像勤劳淳朴的纳西

纸上东巴文字：文化传承

人的性格。

以前，纳西族的东巴纸主要为祭祀而用——人们用坚硬的竹笔蘸墨，抄写东巴经；也会用于记载族谱、地契等重要文件。

"东巴文"一词的纳西语是"森究鲁究"——"森"为木、"鲁"为石、"究"为痕迹，意为木石上的符号。

对纳西族人来说，东巴纸是神圣的存在，很久以前，只有大东巴才能掌握造纸技术。东巴，即是纳西族的神职祭司，代表了最全能智慧、德高望重的长者。

"我的父亲就是一位东巴，是他教会了我造纸。"和秀昌老师站在父亲和自强先生的照片下，自豪地告诉我，照片是二十世纪八十年代中期美国哈佛大学的学生拍摄的。

"以前东巴纸很贵。"他继续说道，"在以物易物的年代，东巴纸甚至可以换一只小羊。"

"这么贵啊！"我很惊讶。

后来查了资料，果真如此，据东巴纸专家陈登宇先生测算，每做一锅，仅可煮干皮5公斤，最多可得25cm×60cm规格东巴纸60张左右，需要砍伐原料树不低于1000棵，燃烧木材200公斤，花费工时最少7天，新中国成立前，50—60张规格为50cm×60cm的东巴纸，需要一头羊去交换。

原料稀缺，成本高昂，再加上复杂的造纸工艺，让东巴纸一度成为有钱人家才用得起的富贵纸。

大东巴在纳西族是一个全能的存在，除了祭祀和造纸，还要掌握医术、歌舞、历史、天文等多项技能。谈起令人敬仰的父亲,和秀昌老师滔滔不绝。

他说,若想成为一名合格的东巴,需要接受严格的训练,完成三门大课程。几位候选东巴中,只有最聪明最有能力的人才能成为大东巴。闲聊期间,他还多次提及父亲祈雨灵验的事情。

无论是汉族还是少数民族,祭祀在其社会文化中都有极其重要的意义。腊祭、雩祭和傩祭是三大主要祭祀活动。如今的腊祭变为过年,傩祭着重跳神驱灾,雩祭则代表求雨。

在面朝土地、靠天吃饭的时代,从东北长白山的萨满,到云贵边陲的神巫,都将求雨视为最重要的祭祀仪式。求雨甚至

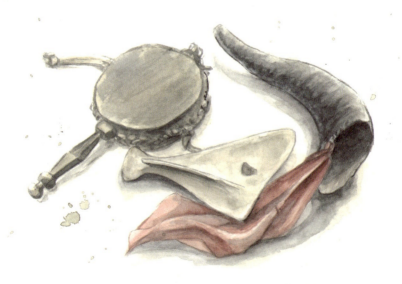

纳西族东巴祭祀用法器:手摇鼓、羊髀骨卜具、角号

也是检验一位祭司是否真正拥有神力的考核。

虽然我是为看造纸而来,却也饶有兴致地听和老师讲述东巴的事迹。

在中原汉文化地区,造纸术与文教事业息息相关,尤其官方所用公文纸被纳入工部管辖的范畴,属于古代科学文化技术,而在西南边境,文化的发展几乎都是围绕宗教信仰建立起来的,大东巴对造纸术的传承有不容忽视的重要作用,东巴纸的历史渊源也离不开纳西族深厚的宗教背景。一件事物总要放到当时当地的历史中来看,才更丰富透彻。

随后,和秀昌老师带我参观了丽江纳西东巴文化博物馆。

博物馆比邻古城,坐落在风景秀丽的黑龙潭公园内,其中馆藏国家一级文物42件,东巴文物2500余件,是全球收藏东巴文物类型最丰富的博物馆。这里几乎所有东巴文物都与祭祀、占卜有关,写满东巴文的古老经书向观众展示着东巴纸最初也最经典的用途。

2003年联合国教科文组织将纳西东巴古籍文献正式列入世界记忆名录。2006年入选第一批国家级非物质文化遗产名录。目前保留原始东巴纸生产工艺的地区主要分布于丽江市玉龙县大具乡、迪庆州香格里拉市三坝乡白地村、维西县塔城镇、大理州鹤庆县等地。

东巴文献多为长方形书页,左右对开,也有上下对开,书脊处用麻线缝缀装订。许多册文献摞在一起时,用两块长条夹板夹住收藏。

常年与东巴纸打交道的和老师即使隔着玻璃或对着照片,

也能立刻分辨出东巴文献的真假。

他说:"最明显的特点是真正的东巴纸不会有虫蛀,大面积虫蛀更不可能。因为荛花具有毒性,在还是植物的时候都不会有虫吃。"

随着岁月流逝,东巴纸会变得焦黄,变成古铜色,却不会整体发黑,而是从边缘向内颜色逐渐变深。这是由于一代代的东巴在火塘边念诵经文,纸被烟火熏蒸所致。

如此厚实坚固的纸,如果保存得当,真能达"纸寿千年"也说不定呢。

东巴纸最早生产于何时已无从考证。目前,已知最早的东巴纸是台湾李霖灿先生发现的一卷,据考证是清康熙七年(1668)的写本,其余都是乾隆年以后的。有学者考证元代造纸

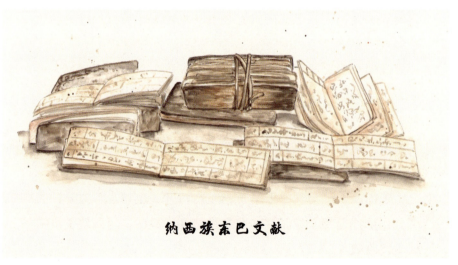

古老的东巴文献

玉龙雪山

从古镇看向玉龙雪山

术已传入云南,丽江已有造纸业。

由于纳西族没有记录日期的习惯,东巴纸真正始于何时并没有确凿的证据。专家学者对于东巴纸年代的种种猜测也没有影响纳西族人坚信他们的纸张有上千年历史的骄傲。

每年二月初八,是纳西族的传统节日"三朵节"(又叫"三多节")——人们要祭奠骑着白马的战神阿普三朵,这一天也是纳西族人隆重的祭天仪式。

届时,在雪山脚下的古镇里,身着盛装的大东巴执起招魂的扁铃,翻开尘封泛黄的经文,唱诵起古老的歌谣。

随着诵经的声音悠扬迭起,承载东巴文字的纸张不再仅止于纸的意义,它回归了本有的身份,东巴纸是与大东巴一起履行神职,迎接玉龙雪山圣人的先行布道者,也是联结雪山子民与神灵沟通的一张神圣契约。

3. 向阳而生

彩云之南,天远云淡。十二月的北京已是万物凋敝,四季如春的丽江却依然繁花似锦。北方夏季才能见到的矮牵牛和种在花盆里售卖的三角梅在丽江开得漫山遍野。雪山融水的池塘拥抱倒映池中的花影,将天地晕染成一片七彩淋漓。

山水之间郁郁葱葱,恍惚错觉身在江南。

远处的玉龙雪山提醒我,这里是海拔两千多米的中国西南之境。有着神似华中平原的绿意,又兼容高原地区的秀美挺拔。云南之美与江南之美,是各有千秋的不同风骨。

踏过小山坡的泥土,与不知名的花草擦身而过,我渴望见

丽江风景

到一株荛花。

在植物分类中，荛花属瑞香科，我国江西、湖北、云贵、西藏等地均有生长分布。云南地区用于造纸的荛花主要是丽江荛花与澜沧荛花两个品种。每年八月，和秀昌老师都会回到家乡的山上采集荛花树枝。

"荛花有毒性，每次采摘都会引起皮肤过敏。"和老师边走边说道，"弄到眼睛里也会发炎，很多天才能缓过来。有学生送给我护目镜，但总是戴不习惯。"

也正因荛花有毒性，所制成的东巴纸才具有不易腐坏、防虫防蛀的功效。荛花植物加工成纸后，毒性会大大减弱，但药性还在。至今在纳西族人的传统村落里，人们还保留着将小块东巴纸化在水中，给小孩服下去驱蛔虫的偏方。

"这就是荛花了！"听着和老师的声音，我兴奋地跟上去，看到土地上冒出的小小一株、只有膝盖高的绿叶植物。

"这么矮？还以为会很高大。"我惊异于荛花的极不起眼。如不注意看，这根本就是棵路边杂草，和老师称它为"弯呆"，应是澜沧荛花了。

"这株应该不到三年，荛花最多也就长到1米2左右。"和老师搓了一把荛花叶子递给我，"你闻闻看。"

一股强烈的草药味道直冲脑袋。荛花树枝即使晒干后，这个药味也依然不减，可知药性有多强。

荛花茎细叶小，开的花更小，这个季节花已经谢了，只有小小的绿叶呈对生状分布在枝条上，叶子仅长三四厘米，片片昂扬向上，从周围高大树木的缝隙间努力争取阳光的养分。

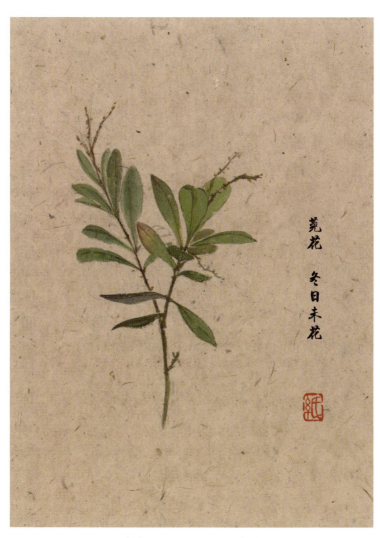

在东巴纸上画了一枝莞花

三到六年生的荛花枝条最适宜造纸。人们砍伐时会避开主干,以便让它继续生长。靠近根部的枝干发黑,不能用;靠近顶端的枝条太细软,也不能用。只截取中间的枝条,晒干、蒸煮、浸泡,剥开外皮,用内里的瓤皮来造纸。

难得见到荛花,我很想掐下一小枝做标本,才发现枝条相当坚韧,很难扭断,似是极不情愿离开生养它的这片土地。

植物生于泥土,长于林间,合该也归于大地,安心走完属于自己的一世轮回。而造纸植物因其韧皮纤维的特性,被人们采集、加工、再造,改变了样貌,同时也肩负起传递人类文明的重任。

离开山林前,另见一株更小的荛花,大约不足半年生。新抽芽的几片嫩叶迎着光,在暖阳中摇曳,像个未睡醒的孩子。

生长荛花的地方鲜有人迹,不出意外的话,它还会安安静静地睡上几年吧。在雪山脚下沐一身慷慨热烈的阳光,待某日,与造纸人再次不期而遇。

环顾整个丽江和香格里拉地区,保持古法制作东巴纸的地方并不多。如果没有机会去香格里拉的白水台或道路崎岖的大具乡村落里寻找,也可以在日趋商业化的丽江古城中邂逅一位造纸的东巴后人。

临别时,和秀昌老师告诉我,现在几乎没有人再抄写东巴经了,许多新一代纳西族青年也不认识东巴文字。好在近年国家保护扶持,加上东巴纸自身的名气,他有自己的学生和传人,也有一些书画家向他订制东巴纸用于创作。除此以外,东巴纸还是多以旅游产品供应售卖为主,旨在创造经济利润。这也就不难理解商家为了降低成本会加入其他原料了，而游客们只需要看起来像东巴纸的纪念品即可，没有多少人在意古老的制作过程。

现在全世界还保留有10000多卷东巴经，分别收藏在欧洲、北美和亚洲一些国家的图书馆里。由于东巴纸厚实和防虫蛀的特点，东巴文献大多只是边缘破损，很少有大面积的虫吃鼠咬。若为了修复而生产东巴纸，可能真没有那么大的需求量。

当一件物品脱离了实用价值，还能存在多久呢？许多传统工艺就是在失去实用性之后逐渐消失在历史长河中。既然要与时俱进，那我们又要执意保护、努力传承的是什么呢？

回京的飞机抵临大兴机场，颠簸中，我仍在思考这个问题。

灯火璀璨的首都与丽江古城寂静的造纸坊相去甚远，和秀昌老师质朴的笑容属于生长着荛花的丽江和浸润着东巴文化的玉龙雪山。在飞机落地的瞬间，我忽然想起《中国守艺人》一书中将非遗传人的坚守写作"乡愁"的比喻。

大意是说：那些传统手工艺如同曾经的故乡，即便与自己没什么实质的联系，仍不免在提到或见到它们时被撩动心绪。

这应该可以解释，为何许多与实际生活渐行渐远的非遗技艺，即便不再使用，我们仍会忍不住想去靠近、想去了解的心情了。因为它们的存在唤醒了我们精神家园中那一缕远去的乡愁，不由得让我们回想起祖先的血脉曾与这些手工技艺紧密相连的历史，那是延续人类文明的历史，其中蕴藏的深厚情感是工业制造所无法取代的。

坚持古籍修复，不也是这样吗？虽然影印扫描和善本再造也能够完好保存文字信息，但我们仍希望后人能够有机会亲手触摸这些古老的文献——纸张的厚度，丝线的质感，装帧的样式……所带给人的真实感触，不会因科技发展而湮灭在岁月中。

相信总有后人也会理解我们精神上的乡愁，并将这份感动一代一代地继续传播下去。

还君一抹太平蓝

重重蓝叶轻露晚，染上云间不尽年

1. 初染·帝青丽于天

当特洛伊王子的船载着美女海伦消逝在古希腊的爱琴海上，海天相接的尽头呈现一片青蓝，西方人称这种颜色为"群青"，古罗马语意是"海的那边"。

这是一抹昂贵的颜色。

自古以来，色彩在人类社会中就具有文化和仪式的意义。蓝紫色因其在自然界里难以提纯和固色而倍显珍贵。

3000年前，古腓尼基人的时代，人们从海中骨螺的鳃下腺里提取出少量珍贵的紫色，是仅为皇家染制衣料的贡品。

中世纪早期绘画中，群青蓝的颜色则代表了至高无上。这种由来自印度和波斯的青金石所研磨出的色料，在欧洲艺术家的笔下成为圣母衣袍的首选色。因为纯正的群青蓝自带贵重的光泽感，视觉效果上能压倒其他任何颜色，为当时贵族所青睐。彼时群青颜料也价格不菲，几乎需要两倍于同等重量的黄金才能买到，高昂的价值一直持续到文艺复兴后期。

无论西方还是东方，人们都习惯用蓝色来代表天空与神明。中国古人更是以蓝色表达对天神的敬意。

北京天坛公园是明、清两朝皇家祭天坛庙。在古代，园内所有蓝色琉璃瓦屋顶的宫殿都是神明的居所：如祈年殿、皇穹宇。里面供奉着天神、风雨雷电和诸星宿的牌位。绿色琉璃瓦宫殿才是人的住处。天子来了，亦不例外。

因为蓝色的稀少和神圣意味，以前人们只在重要的地方使用。青蓝色料可以从珍贵的青金石或稍次一等的蓝铜矿中提取。将矿石研磨成细粉，经水沉淀，水飞后，第一遍滤出的最深色料叫作"头青"，通常用来点染壁画佛像的头饰，也称为"佛青"。2001年，不幸被塔利班炸毁的阿富汗巴米扬大佛头髻上所用的就是这种青色。

人们在矿物中寻找青蓝色，也采集植物的根、茎、叶，利用煎、煮、榨取等方式制作蓝色染料。我国很早以前就掌握了从植物中提取染料的方法。《周礼·地官司徒》中对"掌染草"官职的记载即为：

> 掌染草，掌以春秋敛染草之物，以权量受之，以待时而颁之。

说明自周代起，官方已设有掌管染色的职务，分管染料的采集和制作。

我国地理辽阔、植被茂盛，李时珍《本草纲目》中就提到了不少蓝草：如蓼蓝、菘蓝、马蓝、吴蓝、木蓝等。

植物蓝染，层层加深，所制出的颜色胜于蓝，优于青。品质上乘的青蓝色中会泛出淡淡的紫红，古人给这种颜色赋予一个极具诗意的名字——靛。

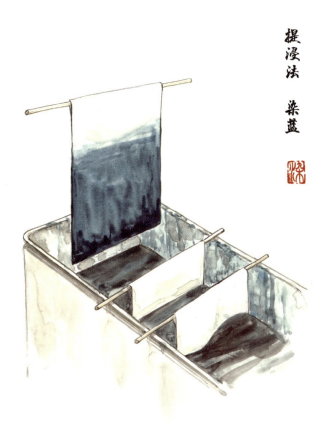

染蓝，提浸法

如果说矿物染料沉稳厚重、覆盖力强，适合为雕塑、壁画上色，那么植物染料便是清薄如水，烟流荡漾，是为布匹、纸张上色的好材料。

在江南古镇的染坊里，不乏蓝草染成的各式印花布，蓝色花样悄悄漫上水乡女子的衣裙、头巾……常与春桃夏柳相映成景。

这一抹蓝靛也浸润在纸张上，染坊靛池里泛起的簇簇靛花，染成一张张仿古磁青纸，人们用磁青纸来装帧古籍的封面，记录书写华夏民族的悠长往事。

2. 二染·托靛成书

北魏贾思勰《齐民要术·种蓝》是我国最早记录制蓝染料的文献，讲述了从蓝草中撮蓝靛的方法：

> 七月中作坑，令受百许束，作麦秆泥泥之，令深五寸，以苫蔽四壁。刈蓝，倒竖于坑中，下水，以木石镇压令没。热时一宿，冷时再宿，漉去荄，内汁于瓮中。率十石瓮，着石灰一斗五升，急手抨之，一食顷止。澄清，泻去水；别作小坑，贮蓝淀着坑中。候如强粥，还出瓮中盛之，蓝淀成矣。

把蓝草全部浸在水里，浸的时间根据温度"热时一宿，冷时两宿"。再将浸液过滤，按1.5%的比例加石灰水，用木棍急速搅动，待沉淀以后"澄清，泻去水"，稠腻如粥的蓝靛染料便制成了。

染色时，在靛泥中逐渐加入石灰浆水，配成染液，再分多次加入酒或酒糟并使发酵，把靛蓝还原成靛白，靛白能溶解于碱性溶液中，从而使织物上色，经空气氧化，取得鲜明的蓝色。这种制靛蓝及染色工艺技术，与现代合成靛蓝的染色机理几乎完全一致。

清代康、雍、乾三朝是中国蓝染业的鼎盛时期，江苏的苏州、扬州，安徽的芜湖，乃至四川的成都双流、营山、富顺、江油都成了长江流域蓝染业的大码头。

蓝染的布料叫作蓝印花，蓝染的纸张叫磁青纸，也写作瓷青纸。

磁青纸也称为绀纸、青藤纸、碧楮纸等。颜色从浅蓝到蓝黑如墨，按明度不同而深浅有别。

古人喜用金墨在磁青纸上书写经文，沉稳的青蓝或蓝黑色纸面衬托明亮跳跃的金黄色文字，表达宗教信仰的华丽庄重。现存于安徽博物馆的明成化七年（1471）《观世音菩萨普门品册》、故宫藏清贝叶式泥金藏文《甘珠尔》，以及西藏布达拉宫藏的八宝七彩《丹珠尔》，都是珍贵的磁青纸典籍文献。

磁青纸质地优良，明代屠隆《考槃余事》、项子京《蕉窗九录》都有提到：

> 有磁青纸如段（缎）素，坚韧可宝。

坚韧可宝，说明纸张光滑结实，质量绝佳。

在古籍文献中，磁青纸多用作线装书的书衣，即封皮。尤其明代的印谱书衣上常见。明清时期的文人也偏爱用它做笺纸，誊写诗词。

上好的磁青纸具有色彩稳定持久的特点，可谓纸寿千年。解放后，故宫内阁藏书大库里发现了一批乾隆时期的磁青纸，称作库磁青，历经百年依然保有艳丽、典雅的深蓝色，这批库磁青现存于国家图书馆善本库，是我国珍贵的文化遗产。

修复普通古籍也会偶遇磁青纸书衣，虽不如内府的库磁青名贵稀有，却也皆是蓝得纯粹亮丽。一些古书封皮的磁青纸很薄，作为书册的最外层保护，常常也是破损的重灾区。

回想起曾经修过的一册线装书《珪廿四系本足派房谱》，磁青书皮破败不堪的样子，令我至今难忘。

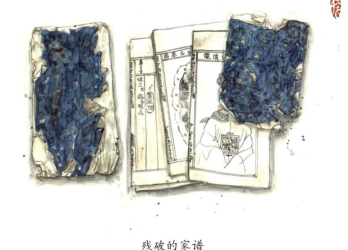

残破的家谱

3. 三染·添蓝造作记

《珪廿四系本足派房谱》是一册家谱，委托人因父亲去世专程从加拿大赶回来，在整理老人的遗物时发现这册家谱破损严重，因此托朋友找我"简单收拾一下"。

一册家谱，所记载的内容不会有学术意义上的深奥，却是反映一个家族血脉渊源的重要史料。郑重取来，仔细翻看，书芯内页还算完好，除却前后几页的边角处有少许磨损，基本没有大的损伤。

破损最严重的地方要数前后两张磁青纸书衣了，正面书衣只剩下半张，封底四周缺失严重。在薄薄的书皮后面，还有一层白色的托纸。这张褙纸更为惨烈，不仅纸张老化，显现霉斑，一些霉斑还传染上了书皮，使蓝色的纸面泛起一块块黄褐色斑点，霉变的颜色在蓝纸的衬托下，让人一眼望去，即想退避三舍。

我原想，这两张书衣没有文字，霉斑又不好清除，可以考虑撤换掉。但是家谱主人却说：自父亲去世后，家谱便由她这一辈的人来继承了，以后还要再传给后代，希望所有书体信息都能尽量保留，包括这两张破损霉变的书衣，最好也能修复一下。并且她说，她很喜欢这个颜色。

当初修这本家谱时，我尚不知道磁青纸的染制工艺，也无从判断是否为真磁青纸。却因藏品主人的一番不舍，跟着对这两张病入膏肓的青蓝色纸张从心生厌恶转为怜惜有加。

能修尽量修吧。修书先配纸，最好能找到同样颜色的纸张修补缺损，还能省去自己染纸的工序。

翻出各种现成的磁青纸，不是颜色过浅，就是过深，要不就是色相不匹配。手工染制时代所出品的每一张染色纸总带有细微差别，不同于工业批量生产的整齐划一。配纸时，经眼各种明暗深浅，纸张越看越有明显的区别，让我无法说服自己敷衍接纳。那么只能自己进行染纸了。

染色基纸采用与书衣薄厚相仿的扎花宣纸，扎花是净皮宣纸中的一种类别，色泽白净，质地坚韧，而且很薄。

染料就使用普通的管状国画颜料了。那时候，我还没有学习如何调配矿物颜料加骨胶的专业方法，很多时候都这样就地取材。

古籍修复中有关染色配纸的要求是"宁浅勿深，保持色差"，并最终达到"远观一致，近可辨识"的效果。

既要保持色相一致，又多少要有点差别，让人在近处能分辨出修补痕迹。这个色差是差多少呢？宁浅，又要浅多少呢？一直以来并没有明确的数据标准，大多时候只能依靠修书人的经验来判断。

分析两张磁青纸的色彩成分：以鲜艳的酞青蓝为主，略暗的花青色为辅。先用这两种颜色调配出主色调，也不能忽略经年尘土蔓延在纸上的历史沧桑感，还需要加一点焦茶色来体现。

迎着光看去，似乎又略带黯淡的红色，这是老纸上特有的旧色，于是再调入少许赭石，使颜色更加沉稳。

明明看上去只是蓝色，其实却又包含了这么多种色料，而这四种色料已经足矣，不能再加了。颜色混合过多，会降低色彩的饱和度，使明度下降，色泽偏暗。

将调好的国画颜料刷染在白纸上，干、湿两种状态下，颜

调配书衣颜色

色差异很大，刚刷上的颜色比较深，晾干后会变浅许多。有时过淡的水色甚至在晾干后近乎不显。为避免之后颜色过浅，通常要把颜色先染深一些，为最终效果留有余地。

每次染纸也都要多染出几张，深浅有别，以备候选。

宣纸很薄，禁不住反复刷染太多次，纸上一旦起毛，就会变得糟烂。小心翼翼地叠加两次色料便可住手，期待能接近原纸色。

市场上购买的国画管状颜料比较便宜，但有一个缺点——调出的色彩在干燥后总是不够明亮，不如矿物颜料鲜艳稳定。所以在国画工笔重彩里，一些大面积的色块还需依靠性质稳定的矿物颜料来渲染才更均匀。

本来国画颜色就容易偏暗，染制书衣色时，为体现旧色又加入了两种暗色系——焦茶和赭石，或多或少也会影响到色彩的纯度，成品不可能达到原书纸类似青金石般的鲜艳。但限于手边没有蓝色矿物颜料，修书时间又比较紧张，只能利用现成的色料调制，尽量去靠近原纸颜色。

经过几番实验，终于染好了纸，把纸放入蒸锅中，热汽让附着在纸上的颜料稳定不掉色，之后取出晾干，就可以使用了。

修补书衣之前，需要先揭掉后面的白色褙纸。尤其是褙纸已经开始酸化霉变，所以必须去除。

试着用小竹启子分开书皮与褙纸，才发现前人所用的黏合剂并非传统面粉糨糊，而是某种很难揭开的胶质。时间太久了，胶已经渗进纸纤维中，就算热水润湿，也难以揭起，一不小心还会连着书衣一起撕下来。只能通过反复喷潮、撤水，一点点

似是破损 亦要惜存

揭下破损书衣

地软化黏合剂。揭封皮的工作因此变得缓慢而令人困扰。

好在褙纸是以点浆的方式与磁青书衣黏合,没有大面积施胶,揭的过程中不至于伤书衣太多。

与顽固胶质做一番持久对抗后,基本上完整揭开了这张磁青色书衣。书衣纸张经过反复湿水,又用针锥、镊子、启子一通挑拨,单薄地趴在修复台上,只剩一副奄奄无力的样子。然而在这残缺破败间,纸上亮丽的蓝色却不曾减少一分,也没有任何掉色现象,反因经过水汽的潮润,多增了一点光泽感。

我望着这抹青蓝色,它是藏品主人执意要留下的珍贵家藏,也是我在调色中反复追寻的鲛绡初染。

揭纸后的修补工作并不复杂,按部就班,很快完成了。用

染纸修复后效果

新染的纸修补百年前的老纸，为古籍延续寿命，补纸与染料也因此拥有了全新的意义。

家谱如约修好，主人取书时表示感谢，我欣然回礼，内心却一再遗憾没能完全还原书衣上那艳丽如宝石般的青蓝。同时又不禁担心，古籍若是在寻常家庭中存放不当，补纸上的国画颜料会否褪色？此次修复又能否承担得起藏品主人所期许的代代相传的心愿呢？

4. 太平有色

燕子剪春归，光阴复若何。书籍交还藏家，如今已是五年有余，翻出旧档案再看，深感缺憾多多。

我仍不知道那两张书衣是否为真磁青，只是在近日有幸学习见识到真正的磁青纸加工方法后，忽然想起了它。故纸青蓝，蓝得如此耀眼，仿若青金石般纯粹明亮，又似暮色初降的夜空，带一抹沉淀于时光的古旧质感，至今萦绕在记忆里，不能忘怀。

鉴于磁青纸的古法染制工艺比较复杂，又是造纸师傅的私人秘方，文中不便详述。但知最初研制时，纸坊每日只有不足十张的出纸量，不难想象，其研究过程的艰难。

自古以来，磁青纸的价格都比较昂贵，明代沈榜《宛署杂记》记载了隆庆六年（1572）明穆宗大行礼时所用货物价格的清单，其中写道："面三斤，银三分……磁青纸九张，银二十二两五钱。"

当时一钱银子可以买十斤面，而九张磁青纸就要二十多两银子，的确是皇族贵胄才用得起的顶配纸。

磁青纸

远山犹在有无间

深浅不同的磁青纸

明、清时期文人最喜爱磁青纸，常将其与宣德时盛产的青花瓷相提并论，因此又称之为"瓷青纸"。字面上的学术争辩不易探究，但不妨碍人们对这种颜色的偏爱。无论是明宣德年间的青花瓷，还是乾隆时期的磁青纸，都是人民安居乐业以后才能有精力、有心思细细研制的精致物件。也是只有在相对安定的社会环境里，才能诞生出的繁缛的工艺技术。纸上的靛青色沉稳大气，似与一个时代的盛世太平两相映照。

磁青纸的颜色不是一次就能染成，是在一遍遍的提浸中让颜色逐渐加深。

第一遍染出是草绿色，第五遍才能染出青蓝色，第十遍染成蓝紫色。此中最上品，要数一种靛青上泛有紫红色光泽的纸。研制磁青纸的杨玉杰老师说，这是在染料中名为靛玉红的物质作用下所呈现出的颜色，但又不是每一缸磁青染料都有这个成分，因而更显珍贵难得。

在修书配纸的世界里，没有最好的标准，只有适合与否的取舍。深深浅浅的磁青色各具其美，皆是饱含前人智慧与今人匠心之作的风华绝色。

依据磁青纸的明度渐次，每一种青蓝都被世人赋予了极具国风韵味的名字，由浅至深名为：晴穹、山影、幽夜、鸦青、如墨……

佳名如画、太平之色，不知你最喜欢哪一种？

千秋岁月·染成一纸帝王黄

荣华一展金耀日,浮云吹却梦黄粱

那件黄色的长卷不知在库房中沉睡了多久,终于某天被人拾起、拂去尘埃,展开明艳艳的黄纸,目光掠过卷首残断处,依稀辨认几列文字:

奉
天承运
皇帝诏曰……

1. 诏曰

这是一卷诏书,展开长达四米,是为庆贺慈禧太后七十寿辰而颁布,内容以各项特赦及恩赐为主。由满、汉、蒙三种文字写成,堆词砌藻,言语极尽华丽,读来是满篇的皇恩浩荡、泽被四方、普天同庆之势。

汉文落款在光绪三十年正月十五,即公元1904年的元宵节。

光绪三十年正月,北京的冬天一如既往的寒冷,什刹海冰面冻若磐石,大清的国运行将迎来末世。

其实慈禧太后的生日并不是正月十五日,而是农历十月初十。诸多节日中,慈禧唯重上元。尤其在1901年《辛丑条约》

破损诏书

诏书上的裂痕

圣旨铺开　近四米长

签订以后,挨过一路西逃之苦的皇太后仿佛要恶补那段耻辱,将之后每一年的元宵节都安排得格外隆重。

为慈禧画像的美国女画师凯瑟琳·卡尔在《美国女画师的清宫回忆》一书中,详细记录了1904年紫禁城内外绚丽的元宵灯会:

> 华灯初上,四处灯烛光辉,将黑夜照耀得宛如白昼。三海之畔,高挂彩灯千盏,湖中漂着浮灯,水面霞光回旋……水天一色,光射彩掩。浮灯趁波逐浪,变成闪光星带,灯火点点,闪烁荡漾,如同一颗光芒四射的珍珠。

绝美的景致点缀北京城的夜晚。这卷为太后贺寿的诏书也于佳节庆典当日颁出、宣读,作锦上添花之彩。

诏,始于秦。《史记》卷六《秦始皇本纪》记载:

> 皇命为"制",令为"诏"。天子自称曰"朕"。

后世朝代几经改革,也曾制、诏、令不分或互用,兼用诰、誓、牒等名称,但主旨不变。《唐六典》中称诏为"王言之制",将王言分为册书、制书、慰劳制书、发日敕、敕旨、论事敕书、敕牒等七种。总而言之,诏书是代表中国古代皇帝最高命令的文书。

诏书开篇都有首称。每个朝代撰写诏书的体式各不相同,秦汉时首称为"制诏某官";隋代首称为"门下";唐代首称"朕闻……"或"鸾台……";元代首称"上天眷命皇帝诏曰……";到明清时期,尤其在清代,首称才变为我们现在最熟悉的"奉,天承运,皇帝诏曰……"

诏书与圣旨有区别。诏书是皇帝布告天下的文书,内容为国家政事要事,各地官员要在衙门前张贴以告知百姓。圣旨则多来自大臣因事向皇帝的请示,比如表彰、赈灾等事项,皇帝同意后拟定颁布。就二者级别来讲,诏书的地位要高于圣旨。

在人们印象里,无论诏书还是圣旨,似乎都是黄色的。其实以黄色正式代表皇族是从唐高宗武德初年开始的。高宗颁布诏令:"禁士庶不得以赤黄为衣服杂饰。"明代朱元璋时期,正式禁止民间使用黄色。

相比于诏书,圣旨的形式有很多种,颜色多样。徐州九里山的圣旨博物馆里,有明清两代皇帝颁发给一品至五品官员的圣旨,颜色各不相同,五品以上有三色、五色和七色,五品以下就是单一的纯白色。

适逢国家兴盛太平,圣旨和诏书都会用上好的丝织面料装潢。2021年广东顺德举办的"紫气东来·圣旨驾到——圣旨文化展"上,一幅乾隆四十二年(1777)由朝廷颁给徽州知府林宏德祖父母的诰命圣旨非常醒目,使用了灰、青、红、黄、白、赭红等相间的绞锦织成。色彩斑斓,用料华贵。而到了清末,国力不足,诏书中甚至仅用粗糙的麻布衬底,从中也可看到一个王朝的兴衰成败。

不知当年文武百官对着这张慈禧贺寿诏书山呼万岁的场面

是如何宏大。当它在我面前展开时，已经是一副破败模样——三层托裱的诏书纸僵硬卷翘，纸面折痕明显，上下边缘均有磨损、开裂。推测或许曾经被竖立放置了很久。

细看诏书的内容，各种特赦恩赏涵盖从亲王到文武官员、太监、命妇，还包括民间孤寡等各阶层，这些赏赐与当今时代已毫无干系。我更关注位于卷首的比较严重的断裂，以及卷尾处因长期未展开而生出的霉斑。

清末腐败政治的痼疾已经远去，而前朝遗物上的沉疴还需要谨慎处理。

2. 寻色

端详诏书外观情况，可总结为几种常见破损形式：断裂、缺损、粘连、霉斑、污渍、变色，还有褙胶起壳（即糨糊失效在纸张内部形成空壳）。

然而即便破败，金黄色的纸张也依然明艳动人，书法字迹仍乌黑发亮，如同昨日刚刚写就。耀眼的纸与鲜亮的墨色让这张诏书多了几分落魄贵公子的气质——布衣草履难掩举手投足间的尊贵仪容。

这让我想起曾在辽宁博物馆见过的苏轼书法《洞庭春色赋》，纸张同样皱巴巴的，上面的书法字迹却漆黑如初，衬托东坡居士遒劲的笔锋，引得许多观众在展柜前凝神驻足。从艺术品的源头来说，品质优良的纸墨材料确实更有助于作品传承千年。

既要修复，必先选配补纸，可是这少见又亮丽的黄纸该去

黄柏

栗子壳

黄栌

各种染色原料

哪里寻呢？

翻出平日修书用纸，有淡黄或浅焦茶的旧色系，与大部分古籍文献的纸张颜色吻合，却和诏书的颜色相差甚远，看来只能自己染色了。

可供染黄的原料有许多种，矿物颜料如雄黄、雌黄、土黄等；植物染料种类就更丰富了，黄柏、黄栌、栀子、槐花等，除此还有国画颜料。

我们从众多染料中先选用了黄檗，一种古代用来防虫避蠹的中药，也称作黄柏或"黄不老"，元代散曲家刘时中写：

> 剥榆树餐，挑野菜尝，吃黄不老胜如熊掌，蕨根粉以代糇粮。

古代穷人没饭吃的时候，会以黄檗代替口粮，不过黄檗的味道很苦。

使用黄檗汁染纸，叫作染黄、入潢。染成的纸张因为颜色变黄也称作黄纸。"染黄"由来已久。《唐六典》中就记载了唐太宗贞观二十三年（649）弘文馆置有"熟纸装潢匠九人"。《文房四谱》也有唐贞观年间用黄纸写敕制的记述。保存千年的唐代敦煌经卷是黄檗染纸避蠹的最好见证。

熬煮黄檗之前，先去掉外侧褐色树皮和内里的软木芯，留下一圈鲜艳的黄色内皮，浸泡一晚，让干燥的木质纤维吸饱水分，变得柔软，更易于蒸煮时析出汁液。

贾思勰《齐民要术》里写有取黄檗染液的方法：

> ……人浸檗熟，即弃滓，直用纯汁，费而无益。檗熟后，漉滓捣而煮之，布囊压讫，复捣煮之，凡三捣三煮，添和纯汁者，其省四倍，又弥明净。

意思是说煮完后，把剩下的渣滓也碾榨过滤，再与煮汁一同混合，充分利用原料，不浪费一点渣渣，染液的颜色更加鲜艳。

为尽快染出所需纸张，同事又拿来了几块黄檗木——一段木芯呈鲜黄色的黄檗树干横截面。

用黄檗染制的丝绸布料在我国古代属于高贵的服色。相传日本遣唐使菅原清公从唐朝带回去黄檗染的技术和规范，平安初弘仁十一年（唐元和十五年，820年），嵯峨天皇以之为范本，颁布了改定天皇服饰的诏书，规定天皇大小诸会用"黄檗染衣"，"黄檗染衣"色在日本也成为天皇之外的绝对禁色。明治天皇时期，"黄檗染御袍"升为即位礼服束带装束。如今日本天皇就位仪式中，如平成天皇、令和天皇所穿衣服的颜色依然使用黄檗染。黄檗染颜色就是带点赭的黄色。

为加深颜色，与黄檗同煮的还有一小把槐米，是国槐未开的花苞，《本草纲目》中记载了关于槐米染色的内容："其花未开时，状如米粒，炒过煎水染黄甚鲜。"

熬煮这些染黄原料的同时，我们又向锅里扔进几只毛刺刺的栗子壳，栗子壳煮出的汁水呈褐色，指望添加些沉稳的旧气。

每逢染纸煮料，修复室里便充满了温暖的中草药味道。汁液在锅里沸腾着，大家耐心等待着染液的效果。

其实，这样的染制都只是在追色。黄檗染纸有避蠹的功效，却不是专门染制皇家用品的染料。我国自隋文帝开始，主要使用柘木染制皇家丝织品。元代诗人顾瑛《天宝宫词十二首以寓所感》其十即写道："姊妹相从习歌舞，何人能制柘黄衣。"

柘黄衣就是皇袍。用柘染制皇袍的规矩从隋开始，一直延续至其后的几个朝代，使得黄色成为我国古代封建社会中最具威严的服色。

到清朝时，帝后朝服的柘黄色亮度调至历代最高，形成了我们现在印象里的帝王之色。

柘树生长非常缓慢，因其珍贵稀少，民间又有"南檀北柘"之说。

古人认为，柘木染成的黄色礼服穿在皇帝身上如太阳的光芒，让人不敢直视。就像唐代吕向在《文选》注中所说："诏，照也，天子出言，如日之照于天下。"

金黄色是耀眼的太阳，但也可能是一捧黄粱未熟。曾经如日中天的封建帝王时代一去不返，只留下一抹象征皇权的颜色，徒然栖于人世间。

随着电磁炉熄火，沸腾的染液停止躁动。冷却一段时间后，试探着放进一张纸片，黄色染液迅速在纸上蔓延开来。

只浸染一遍肯定不够，晾干后的颜色又变浅了许多。于是两遍、三遍、四遍……直至水色在纸上覆盖加深，看着稍许满意了，转至褾案，铺就一张四尺大纸，大刀阔斧地进行刷染，再依次晾上横杆，晾干后，又继续刷染二遍、三遍……

染黄

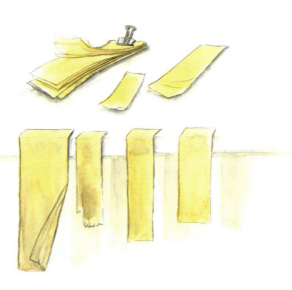

染色实验

除了植物染料以外，同事也用国画颜料染纸，上色速度明显快了许多。

诏书修复还未开始，先已在补纸的选配上面费了很大功夫。

最后，将染好的纸张一字排开，色调深浅不一，每一种单看都很像诏书的黄色，但又感觉无限接近中还差了那么一点意思。就像红学专家周岭老师对参选贾宝玉一角的学员们说："你们个个都像宝玉的同学，但是谁也不是宝玉。"

无法说服自己随便取一种用，诏书纸上明艳的帝王黄很难用山寨颜色糊弄过去。

与此同时，我们发现自己染的纸还有个很大的问题，因为没有加胶，植物染料遇水容易掉色。而诏书原纸虽然色泽艳丽厚重，却不会脱色。修复时肯定需要喷潮、上浆水，甚至揭褙纸，重新托裱。若是补纸褪色严重，那就很难把握修复后的效果了。

踌躇间，咨询了国家古籍保护中心张平老师，老师马上给了建议："去找泾县的杨玉杰师傅问问吧，让他来试试染纸。"

3. 浸染

晚风吹尽朝来雨。

看过南方的雨中山景，才知米芾用深深浅浅的墨点铺就山水画的用意，我以为的写意，原是宋人眼中的写实。

泾县几日连绵阴雨天气，让探寻染纸之路先从下车换雨靴、涉水穿密林开始。淌过一塘积水，走到柳暗花明的尽头，长林丰草间，看到染坊工厂大门，门内是一方敞院，拢住一院与世

泾县山景

隔绝的安宁静谧。

2020年仲秋时节，我在国家图书馆参加印谱修复研修班学习时，聆听过杨玉杰老师一堂关于染制磁青纸的课程。

课上，他为同学们讲解并展示了独特的染纸方法。经过多年实践，杨老师成功还原了乾隆时期"库磁青"的制作技艺，如今已被评为县级非物质文化遗产磁青纸制作传承人。

来到这里之前，我与杨老师多次通过电话、微信，商议诏书修复纸的颜色问题。在无法将原件拿给对方近距离观察的情况下，要求依色染纸，其难度确实不小。

最初寄去一小张用国画颜料染成，最接近诏书颜色的纸张，并拍摄多张照片以供参考。

第一批染好的纸样寄来，放在诏书上对比，感觉略浅。于是又寄回，协商调整，拜托杨老师添加少许偏暗的旧色。之后再次寄来，继续参考比较。

这样来回往复，快递了三四次。其间多次得到张平老师的建议与鼓励，最终收获了颜色令人满意的补纸。染好的补纸与诏书纸的明黄色调相近又不突兀，不掉色且适用于修复工作，大家的心里如释重负。

此次配纸，前后耗时一个多月，费尽辛苦，也让我不由得想探究一下纸张的染制过程，这便是前来泾县拜访的主要原因。

工厂由一个废旧的造纸坊改建，其实也谈不上改建，空旷的厂房里横悬几根钢丝绳，除了中间放置几个染纸用的水槽，几副旧桌椅以外，几乎空无一物。染好的纸一张张搭在钢丝绳上，等待晾干。

染纸坊

偌大的空间就是为了染纸、晾纸而备，人在其中，显得极为渺小。

在我到来之前，杨老师已提前将染料和水槽备好，他说："我演示一遍，待会儿您可以自己染来试试。"

现有条件下，为修复染纸只能是追色，只看能否追得对了。

染色材料在地上的一个大袋子里，并不是昂贵的柘木，而是一袋黄色粉末——姜黄，用姜黄的根研磨而成。

先在姜黄粉中分批兑入冷水，再混入热水，不停搅拌，让粉末逐渐溶解，过滤出汁液，成为染液。把纸的一边固定在木棍上，平放进染池里，浸泡一会儿，轻轻拉起固定纸边的木棍，白纸即刻变成鲜艳的黄色。搭绳晾干后，再根据深浅的需要进行二次或三次浸染。

姜黄是一种古老的天然植物染料，我国南方乡间纸坊中常用姜黄来染制祭祀用的佛黄纸。

以前人们也用姜黄染布，并通过在染液中加入媒染剂，形成以黄为主色调的泛绿、泛红等不同色相。媒染剂的作用是固色，通常使用明矾、铜媒染、铁媒染等，但是媒染剂中含有金属离子，染布尚可，染纸会加速纸张老化，不利于古籍修复用纸的存续。

植物染料方便适用，同时还要考虑两大问题：一是固色，二是纸张的pH值。

在修复过程中，不可避免会用到水，如用浆水粘接或大面积托裱等，染色纸张可能会因水的稀释出现不同程度的褪色，导致补纸颜色变浅，或出现水渍。目前，多采取在染液中加入

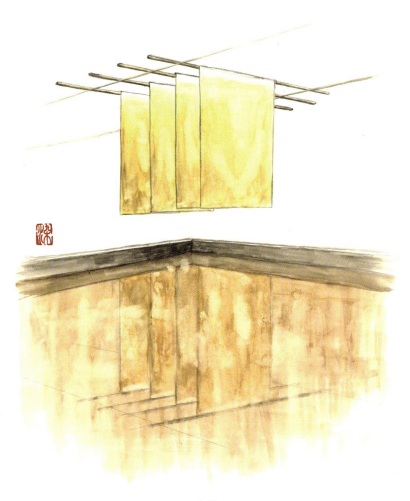

晾纸

少许稀释的骨胶,来增强纸张颜色的牢固度。

此外。纸张的pH值近年颇受关注。

pH值是指酸碱度,从酸到碱的数值为1–14,以7为中性,小于7为偏酸性,大于7是偏碱性,数值越高碱性越强。以往的观念里,认为修书应使用老纸和旧纸最佳,却忽略了老纸的老化速度也很快。倘若使用了pH值偏酸性的补纸,随时间推移,可能会影响到原书纸的寿命,反而让修复工作得不偿失。

一些稍碰即碎的老纸,pH值甚至低至4以下,属于严重酸化、难以抢救的情况。还有一些原本pH值较高的纸张,却可能在染色过程中受到染液里各种成分的影响,导致pH值下降。

杨老师给我们提供的染色修复纸经过国家图书馆古籍保护实验室检测,pH值达到7以上,符合修复用纸标准。

我好奇地问:"您是怎么做到染出这么深的颜色,又不影响pH值呢?"

"什么东西可以抗酸?当然是碱了。"杨老师说,"中国传统造纸之所以能保存长久,也是因为在蒸煮和沤制植物原料时掺入了草木灰,草木灰既然可用在造纸上,当然也能用在染色处理中。"

草木灰是指植物燃烧后的灰烬残渣,主要成分为碳酸钾,属碱性。可作肥料,也常在造纸中沤料用,起到让植物茎秆迅速软化分解的作用。

不同植物燃烧后所得草木灰含有碳酸钾的量各有不同,比如向日葵秆灰含钾较高,达36%;而稻草灰含钾很低,仅有8.09%。自然界能做染料的植物有上百种,哪一种染料搭配哪

画在磁青纸上的马蓝草

一种草木灰,用来降低纸张酸性最有效,真是专而又专的学问了。

杨老师熟悉多种植物与草药的特性,这得益于他的父亲——在泾县茂林镇做乡村医生三十多年的杨天龙先生。自小跟随在父亲身边辨识草药、背诵汤头歌,为他后来研究手工染纸打下了专业基础。

"泾县的山上有许多植物,先上山看好它们的生长位置,等时节成熟再去采摘。"杨老师说着,递过一支马蓝草,这是用来染制磁青纸所用的一种植物。

"比如这种马蓝草,折的时候茎部有清脆的声音,类似瓜熟蒂落,就是做靛蓝的最佳状态了。"

我接过马蓝草仔细端详,花已经谢了,绿秆绿叶看似和路边野草并无二致,实在看不出有什么特别之处。辨别山中植物不同时期的特性,是我这个在北京城长大的人望尘莫及的一种奇妙能力。每日与电子产品交互的生活方式不断抵消着生命与自然之间的默契。我们期待科技带来生活的便利,同时也希望不要以丧失人类的天性感知为代价吧。

在杨老师的指导下,我逐渐掌握了纸张拉染的方法,对姜黄纸的染制也有了一番简要了解。而实践中,姜黄兑水的比例、搅拌的速度,以及草木灰降低酸度的具体运用方法我仍是一头雾水,这些是融会贯通在杨老师整个操作过程的重要部分,是经过多年实践研究总结出的难以意会的个人经验,也是属于传统非物质文化中的重要组成部分。

杨玉杰老师染制磁青纸(摄于泾县悟草阁)

4. 澄明

"七山一水一分田",这是对地处喀斯特丘陵地带泾县地貌的描述。

造纸离不开水,在泾县乌溪上游有两条支流,一条属淡碱性,适合植物原料加工;一条属淡酸性,适合造纸用水。特有的水源托起中国宣纸的历史,在这片土地上绵延了1500年之久。

南方雨水丰沛,时逢雨季,从山上冲下许多泥土砂石,积成脚下一畦畦水洼,积水浑而不浊,若不去扰动,上层必定是清澈的,足见此地的水质优良。

杨玉杰老师的染纸坊开了有几年,我去的时候还一直没有请帮工,穿行在各色纸张中忙碌的身影只有他与他那年届七十依然身体硬朗的岳父。

各种仿旧色染纸是杨老师近两年才开始做的研究,他最宝贝的染缸在另一个房间里——盛放着染制磁青纸的靛缸,也是他作为县级非遗传人的独门绝学。

走进放靛缸的房间,立刻嗅到一股浓烈但不刺鼻的发酵气味,味道很像酒酿,其实就连缸也像是酿酒缸,需要时常养护。缸壁上的微生物和漂浮在染液上的靛花皆属活性物质,是决定染纸成色优劣的关键。有时,养护缸的成本甚至大过于染纸售价。

杨老师的爱人莉姐告诉我:"杨老师时常像照顾孩子似的养护染缸,赶上天气不好,染缸还会生病,就不停地为它们治病。"

"怎么治?"我问道。

"根据温湿度不同加减药品吧……具体我也不懂。"莉姐摇摇头说,"若是治得好还行,有时费了很大力气最后仍是倒掉了,很可惜。"

在杨玉杰老师的眼里,凝结了靛花的染缸似与他心意相通。他知道染料需要怎样的舒适自在,染料也明白如何为主人呈现浸润在纸上的最佳状态。搅动靛缸深蓝色的染液,掀起一层浓浆状的波浪,带出人与染料之间无言的灵犀,染上一张张深深浅浅、色调均匀沉稳的磁青纸。

身处隐蔽在泾县山林的染纸坊内,我竟忽然想起庄子《逍遥游》中的一句:"天地与我并生,而万物与我为一。"

中国古人所说的天,不必大到外太空去,每一个当下的专注用心皆是物我两忘的境界。这不是空间意义上的天,它代表了一种意识形态,是存乎一心的精神世界。

想摆脱内心的浮躁,何必外求佛道儒?且看工匠精神,不正是那芒鞋踏破、岭头云开的十分春色么!

寻到合适的补纸是此行的最大收获。破碎的帝王江山梦虽在时光流逝中不复永年,破损的诏书却有望重现昔日风采。

时间的远方交叠眼前的时光,诏书缓缓收卷,也收起了一个王朝的辉煌。

一纸帝王黄,记下了正月十五日那晚紫禁城里的喧嚣热闹,永远定格在1904年。

这一年日俄战争爆发,孱弱的清廷只能消极地目睹两个邻国在自家领土上开战;国内开启了中国历史上最后一次科举考试,进士刘春霖因名字受到慈禧喜爱,被钦点为状元,他的殿试卷至今收藏在山东青州博物馆里，试卷上精美的小楷字迹让人叹为观止；这一年，民国才女林徽因出生；至年底冬月，由蔡元培、章炳麟、陶成章发起的近代革命团体光复会在上海成立……时代的车轮滚滚前行，大清帝国不可逆转地走向日落。

古籍纸张的脆弱与人类历史的厚重形成了巨大反差。多少宫灯高悬、觥筹交错的繁华，终是化作一场空庭残梦。

离开染纸坊的时候，杨老师还在忙着手里的活计，晾起的纸越来越多，浩浩荡荡占满了厂房里的空间，仿佛宣告它们才是这里的主人。如同面对传承千百年的古籍文献，修复师也仅是过客。历史的旧物在时间的手中传递，也在劳动人民的手中延续文化价值。

不知何时，雨停了，抬眼见一缕金色的阳光，穿透云雾，穿过密林，正照在染纸坊的窗棂上。

一箱旧纸

断编舒卷无暇事，残墨不语记春秋

旧纸,有很多。东一张、西一张,笼络捡来,满满装了一个大纸箱子。

《红楼梦》里的王熙凤说:扫扫她们王家的地缝,够吃一辈子。我们修书人笑言:扫扫旧纸库房,就又多了半辈子的工作量。

字在书上,纸在架上,清理洒扫后井然有序,留下一群举目无亲的残纸孤儿,凌乱地堆叠在一起,有白色、黄色、彩色……

陈旧与残破,是它们统一的标识。

1. 敬字惜纸

拨开灰尘逐一翻看,都是些单张残页。回想单位二十世纪八十年代即已开设了古籍修复,大约是前辈们积累下来的压箱底。找不回原书的残破字纸被单独存放着,到现在已是积少成多。

其中有一些空白纸,应是留作补书用的。古籍修复行业里,片纸都很珍贵,不可丢弃,旧纸大都作此安排。

若在古代,依循旧例,对写有文字纸张的处理非常谨慎,北齐黄门侍郎颜之推在《颜氏家训·治家》中云:"每读圣人之书未尝不肃敬对之。其故纸有五经词义及贤达姓名,不敢秽用也。"

在古代文人心目中,纸张承载了圣人言教,断不可做污秽用途。废纸自有它们专属的去处——惜字亭。

惜字亭也称作惜字塔、敬字亭、文纸亭、圣迹亭等等,叫法不一,设在寺院、道观,或城镇、村落中,用于回收字纸,入亭内集中焚烧,而后再择吉日,将灰烬倾倒进江海。

人们在惜字亭前为废旧字纸完成一个体面的善终,这也是华夏民族逝去已久的乡愁文化。

惜字亭多为塔形结构,石砌砖垒,呈四边形或六角形,有一层、二层到四层、五层不等,飞檐上挑,向四面舒展。塔身内是一个焚烧炉,其中一面对外开口,接引字纸走完人间最后一程。

中国人对字纸的敬畏远可追溯到仓颉造字的典故。早期记载见于《淮南子·本经训》:"昔者仓颉作书,而天雨粟,鬼夜哭……"

古代文献盘桓于历史与神话的似是而非中,难以考证。民间截取易于理解的部分,为汉字诞生赋予了神圣意味,使人间与神明沟通的仪式有了世代因袭的理由——人们更乐于相信,纸张会乘着一缕青烟,化作蝴蝶,飞回到仓颉的身边。

民间惜字亭多由士绅阶层建设管理。清代时,地方上德高望重的文人乡绅还会集体成立惜字会,设立会规,组织专人捡拾。

除此,也有个人收集,如清代苏州著名诗人、藏书家石韫玉,年轻时曾收集字纸成癖。写《浮生六记》的沈复是他的发小兼好友。

湖南长沙惜字塔,建于道光十八年(1838),塔顶被雷击后长出一棵朴树

有关石韫玉的那段贫困生活，见于《郑逸梅选集》："……于街头巷陌，见字纸遗散于地者，必捡取之，虽堕溷沾泥，亦一一入囊，归而漂以清水，晒日中，待干，而焚诸玄妙观之太阳宫，三十年如一日……"

古代的读书少年并非都是翩翩如玉，也有饥饿瘦小的秀才，出没在街口巷陌，低头搜寻无人问津的字纸。如遇脏污者，先行清洗晾晒，再投到玄妙观焚烧超度。

石韫玉此举被时人讥笑为迂夫子，他却行之自若。俯身集纸入囊，将世人嗤讽置于身后，径自走向自己的未来。在未来，有一道大光明，照进了他三十五岁的人生。乾隆五十五年，石韫玉在恩科会试中进士及第，殿试时，被皇帝钦定为一甲状元。

千百年来，传统的儒生文化是中国文人对字纸敬畏若神、笃信不疑的根基。列入惜字亭神灵牌位中的，除了苍颉，还有孔子、魁星、文昌帝君等，人们恭敬地点燃纸张，把对功名仕途的祈愿也一并寄予古老的神祇。

民间惜字信仰的教化作用显然有利于王权巩固，并逐渐得到政府权威的认同，还被工工整整地写进清代《圣仁皇帝庭训格言》："故凡读书者一见字纸必当收而归于箧笥，异日投诸水火，使人不得作践可也。尔等切记！"

皇权倡导敬纸的目的，更在于强调圣贤之文不可侵犯及儒家文化独尊的地位，进而深化了文人"学而优则仕"的意识形态，使文昌信仰、科举考试与惜字信仰形成了"共生"的关系。

焚纸

字与纸，随文化的聚集而广泛传播。在我国南方，惜字亭遗迹明显多于北方，是散落在华夏大地上一道独特的人文风景。

台湾省高雄县美浓镇，建有四座敬字亭，其中，下庄敬字亭建于乾隆三十年（1765），经嘉庆和光绪年间重修，历史最为悠久。直到现在，每年正月初九，镇上居民依然会围绕亭塔举办迎送圣迹的敬纸活动，至为难得。

敬纸之风在明清两朝最盛，于清中期达到高峰，到清末，社会开始发生演变，直至抗战时期，该传统日渐式微。由于国力衰微，外来文化冲击等原因，民众社会对字纸的认识越发理性。敬神的习俗渐被摒弃，使用废纸做再生纸似乎比焚烧更环保、更实际。

新时代的浪潮席卷而来，扑灭了惜字亭中的火焰，通往神明的道路随之关闭，身着长衫的士绅文人老去了，他们的子孙成长在电子资讯的世界里，无暇理解先祖们的信仰。

遗留到现在的绝大部分惜字亭已不再履行原有职能，仅作为不太起眼的文物遗址，凝然伫立在城镇或村落里，空敞着冷却的炉膛，年年岁岁，独守青山，默对残阳。

2. 岁月留痕

遥想字纸在炉火中燃尽，飞灰如蝶，撑起满满的仪式感，已成令人神往的过去式。

今天，我们是绝不敢将古书旧纸作焚烧处理。来自古籍上的每一张纸都有着毋庸置疑的史料价值与文物价值。

纸质文物保护，是列入《中华人民共和国文物保护法》

（20171105）中的明文规定："在中华人民共和国境内，下列文物受国家保护：……（四）历史上各时代重要的文献资料以及具有历史、艺术、科学价值的手稿和图书资料等。……"

文字资料珍贵，古纸亦珍贵，皆是不可再生的资源。

我国古代造纸以植物韧皮为原料，全程手工制作，工序繁琐，耗时长，产量低。不同地区、不同年代、不同原料的手工纸各具特点。随着造纸工艺的发展和时代变迁，一些原料与造纸技术几近消逝，唯有在文献的断纸残篇里，还能一窥其诞生的年代痕迹。

残纸一片，孤独无名，择出几缕纤维，置于显微镜下，在放大的微观世界中，原料纤维清晰毕现，根根缕缕，呈现造纸原料最初的模样。

现代纸张检测技术可从纤维成分、pH值、耐折度、白度等方面追溯历史，用具体翔实的数据唤醒古纸的前尘记忆。一张故纸，由此获得了一个丰富而独立的属性。

细数纸张的物理性质，尚且如此充盈，残存纸上的文字，更是无价之宝。不过碍于笔者不擅长古籍版本考证，只懂手工粘贴之事，不敢妄谈文字内容的高深，只能从艺术欣赏层面浅聊一二。

整理这一箱旧纸，端详纸上残字，有雕版印刷、油印及手抄等多种形式，文字随纸面污损各自面目模糊。

虽然工作中常与破书为伍，却少见残破单页作如此大量堆积，散乱堆叠的样子倒是很像一种传统绘画形式：锦灰堆，也称八破图。据传起于元，盛于清末，二十世纪三四十年代达到

竹子和显微镜下的竹纸纤维

鼎盛。

八破图以破为主，画面布局一反传统中国画的端庄典雅，画家专捡残卉败叶、笋壳鸡翎等破败之物，聚拢起来画成一堆，别具一格。至清代，文人又将残书、破损拓片、折了骨的破扇等文献之物写实入画，又名为"打翻字纸篓"。画面逼真考究，尤其残卷中的文字，如刻印般仿真，很是考验画家的功力。

无序的拼接风打破了传统文人画固有的精神洁癖，在艺术表现上自成一家。又或因绘画技法难度较高，形式过于另类，总归是与大气磅礴的主流审美相悖。八破图虽然历史悠久，至今也仍属小众，是难得邂逅的艺术鉴赏。

就如同这一箱旧纸，缘于清扫书库后的偶得，却让我们在不经意间，拥有了一个面对古籍文献不同寻常的欣赏角度。

拾起一小片残纸，抚平褶皱，露出飘逸的书法字体，不吝给观者一个惊艳。

著名作家、故宫影视所所长祝勇老师曾说："只有中国人能将书上升为法。"所以这摄人的艺术之美，也称得上是"墨虽残而法无边"么？

缺头断尾的文字在残纸上呈现一番别样风景。看得久了，竟让人想起石窟中斑驳的佛像，缺损却不失肃然；又似李商隐的无题诗："来是空言去绝踪"，言有尽而意无穷。

残纸缺损的部分延展出流动的审美空间，参差的纸张边缘为想象力连缀起一段抑扬顿挫的节奏，演绎着音断意不断的隽永悠长，供观者以思想来无限填充。

诸多旧纸，一众文字，琳琅满目的中文方块字里，赫然翻出一行外文，惹人注目。

字迹是用毛笔写在一张空白书页纸上，中间被蛀掉了一点，但不影响笔画的流畅，收笔处回旋一个潇洒的甩尾，宛若点睛。

也尝试用毛笔书写漂亮的外文字体，实在不是件容易的事情。软毛笔锋游走在汉字的提按顿挑间得心应手；但若是绕起外文字母的小圈圈来，却是步步跑偏。

猜想写出这行潇洒笔迹的人应是既懂外文又擅长中国书法吧。写于何时呢？民国，还是清末？是中国人写的，还是洋人写的？

过去的时光已然过去，无从寻觅。蓦然出现在中国古纸上的一串外文，忽而为观者唤起百年前那段新旧文化交叠的历史记忆，于心中留下惊鸿一瞥。

每一张字纸往前追溯，应都有属于它们自己的故事。

脆化的、泛黄的、残缺的……旧纸以坦率、直观的表现力，诠释了岁月流逝的真实意境。思忖着，倘若用这些残纸办一个展览，挂满一墙沧桑。观来，会否相当震撼呢？

旧纸塞在角落里被遗忘得太久了，甫一见光，张张惨然，如示众般无所适从。

这些旁人看来毫无价值的废纸，渣渣片片都是修复师的心头宝，必须妥善保管，否则一个没看住，勤劳的保洁大姐会连箱子一并端走。

拣选出无字空白纸，样式少见的做纸样留存；种类单一、

一块残纸

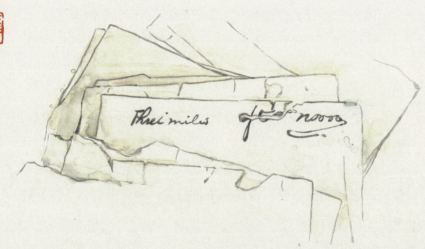

旧纸上的外文

极限撕扯

数量较多的,备着修书用。用古纸修补古书,是再适合不过的选择。

带有文字的纸张更是珍贵的宝贝,不忍它们继续腐朽下去,工作之余抽空做清理小修,也权当作揭补练习了。

本着优先抢救危重病患的原则,我拣出了这块纸疙瘩,见上面还有隐约字迹。漫长的时间与不良存储环境将纸挤压得如同一块树皮,甚至叫它"干尸"也不为过,布满污渍的表面散发出僵死、麻木的气息,让人本能地不想碰触。

如继续放任不管,大概用不了多久就会烂回原料模样。因此,先想法子恢复它原本的纸的样子。

水,永远是唤醒纸张的先锋军,一蓬蓬水雾从喷壶中喷洒而出,前仆后继,登陆干硬板结的纸张表面,由外向内缓缓

板结的残纸

从纸质"干尸"中揭出数张书页残纸

藏匿在纸中的蠹鱼
生于纸
长于纸
成仙去也

纸张变黑的部分藏有小虫

残页旧纸

渗透。

温润的水以循序渐进的力量环绕包抄，静候纸块充分吸收水的潮气，逐渐放下坚硬的抵触，慢慢变得柔软，恢复纸张的延展性，接纳我用镊子和竹启子从褶皱处一点点剥开，并从中揭出数层纸页，收获一个大丰收式的惊喜。

如果将修复方法的难度做一个排序，打开褶皱算是比较简单的任务；而揭开粘连则更耗时耗力，不是那么容易。

造成纸张粘连的原因很多，也许是胶质、糨糊、不慎洒入的液体，或生物遗体变质后的分泌物……

就如同这张残片，纸的左下角黏成一个黑团，已经顽固得揭不开（里面有个死虫子），几经周折，仍是紧紧地抱在一起。

倘若硬揭无果，那就继续保持粘连状态吧。没有操作成功的把握，不如维持原状为好。

清理残纸与修书的目的不同，仅需揭开、展平即可，不必太在意整体的美观性。一些折痕、粘连或附着物无须处理，缺损部位的修补也大可忽略，能够最大限度将破损痕迹保留下来。那些在修书时难以贯彻的最小干预原则，倒是可以在整理单张残纸的过程中进行到底。

许久以来，修书时所撤出的边角纸张较少有人关注，大都随意散放，蒙尘多年。随着古籍保护工作越发细致完善，自书中掉落的每一片纸也都被重视起来。

例如国家图书馆在修复敦煌遗书和西域文献时，将藏品上的托裱补纸也逐一修复、编号、建档，称其为"素纸"，即指未曾书写文字的纸张，或指空白纸。

修复的理念随时代不断改进,修复工作也在努力为今后的研究守护住古籍中每一寸蛛丝马迹。

从事修书多年,常被人问起:现在影印扫描技术这么先进了,旧书还用修吗?老纸脆弱,早晚会彻底坏掉吧?

这还真是一个客观而普遍的问题。我想,大概可以用《当代保护理论》中的一段话来回答:

> 所有纸张在未来都会被细菌破坏,所有保留下来的纸张对技术史学家会具有非同寻常的意义,因其将成为遥远过往的无价物证。

漫长时间里,世事变化莫测,别说残破旧纸,就算是用心保存的珍贵书籍,同样未知命运几何。每每阅读韦力先生的《书楼探踪》,便不无感叹于古人藏书的艰难和面对书籍散佚的无助:

清代著名学者钱谦益的藏书楼名为绛云楼,一场意外的大火将楼中七十三个大书柜付之一炬,是中国历史上令人叹息的书厄之一;清代浙江藏书家劳格于太平天国之乱时小心转运的几十箱精华藏本,被暴民全部丢入江中损毁;抗战之前,有着"东亚文化宝库"之称的上海东方图书馆收藏有四十多万册图书,包括十万余册宋元古籍,都在侵华日军的空袭下毁于一旦;还有混乱的"文革",学者周退密的15箱书,无奈之下以3分钱一斤的价格被红卫兵撵往废品站。

修书,一页一页;毁书,成箱成箱。

破旧零散的书皮纸

人类的欲望与纷争总会不定期地踏过历史中短暂的岁月静好，即使侥幸存留下来的书也是几经易主，四处漂泊。

岁月揉皱了书籍纸张，修书人的生涯也不过是无尽时间中的匆匆过客，只恐怕今日修的速度永远赶不上明天的变数，而我们只能以坚守的诚意，澡雪的精神，作负隅顽抗。

无论珍贵善本抑或普通古籍，但求修好手边的每一册书，和不期而遇的每一片字纸。

谁也说不好，在未来，残纸会否依托文字找回曾经栖身的旧时出处；或者残存文字能为某套古籍的考证提供现实依据；就算纸张持久孑然一身，仍以其特有的文物性傲然于世，为过去的时间提供历史证明。

幸而太平日子里，人与纸都安全。

置一个空白册页，将整理展平后的残纸依次小心地夹在里面，作为它们劫后余生的安宁归宿。盘算着，待日后检测仪器配备完善，再逐一丰富各项参数，这是我们留给下一代修书人的压箱底。

旧纸走过了代表功名信仰的时代，远离了投入炉火的命运。未来仍遥不可知，唯以这一段现世安稳，敬岁月知道、苍颉知道。

开卷有残·简简单单修册书

小摘幽兰插玉蜍,案头无事理残书

古籍装帧之美，意在素事后绘，中有书卷气。

前人翻纸为沃土，以笔墨播种文字，结成一卷又一卷的智慧经典，留予后人深耕阅读。

经年累月间，一纸薄田难抵岁月摧折，不免断线、散页，不成文章；又渐无人打理、田土荒芜，纸上的老化、裂痕如蔓草横生，引来蠹虫常驻，吞噬几代人的劳动成果，留下蛀洞曲曲折折布满书册。

但凡被修书人计入工作量的古书，都不免一副颓垣败壁之姿。想来书籍刚装订制成时，也应是光鲜整洁，放置在谁家的书架案头；或陈列在店铺里出售，等待着买书人把它宝贝似的捧回家。

1. 书从何处来

普通人拥有书籍的欢愉，在历史上经历了一个漫长的过程。东汉时造纸术才兴起；五代之前，书籍一直处于写本时代，全靠人力逐字抄录，成本高昂，藏书的权利几乎垄断在权贵阶层手中。

直到北宋年间，雕版印刷术广泛应用，带动了出版发行业的兴盛，书籍才渐渐在大众社会中普及开来。

与此同时，书籍的装帧形式不断沿革变化。从汉代开始，经历了卷轴装、经折装、蝴蝶装、包背装等一系列演变，今天常见的线装本产生于南宋时期，直到明代中晚期出版业的鼎盛时期，线装书才广泛应用。

据杨绳信《中国版刻综录》一书记载：在宋至明末的684年里，能查到出版时间的书籍约有3094种，大概有2019种可以确认出版于明嘉靖、万历至崇祯这大约一百年间，占比约65%，可见当时的书籍出版十分盛行。

以线装书为例，制作一册书要先从写样、刻版开始，木板刻上反字阳文，覆上纸张，再刷墨。凸字蘸墨印上纸面，印好后数页累叠、装订成册。整个过程需要文字校勘人员、雕版刻工、拓印工人和装潢工人等共同参与完成。

古代书籍内容的成型主要依靠雕版，因此出版书籍也叫"刻书"或"刊刻"，一块木板可供反复拓印，轻松实现批量生产。又因雕版木料多使用梨木、枣木。直到现代，人们仍习惯用"付之梨枣"一词来形容一本书创作完成的状态。

中国古代刻书机构主要分为官府刻书、私家刻书和书坊刻书三大系统。

人力与财力是刊刻书籍的基础，实力最雄厚的当属官府刻书，各朝代皆设有专事出版图书的机构，如宋代国子监、元代兴文署、明代司礼监、清代武英殿等。官刻书籍内容以遵从儒家经典和巩固封建统治为宗旨，为皇家服务。

官府刻书具有开本阔大、版式疏朗、纸墨精良等特点。宋代《大藏经》《册府元龟》、明代《永乐大典》、清代《古今图书集成》等都是集政府之力得以完成的鸿篇巨制。

相比官刻的严肃性，私家刻书更多展现出文学艺术的活力，

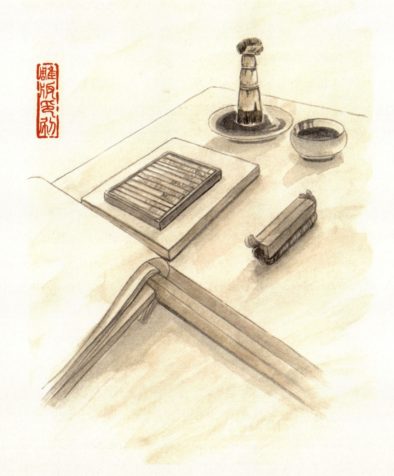

雕版印刷

由具有一定财力的文人、乡绅出资,刻印个人或本家族的文集、诗词、家谱等。旨在承嗣家族文脉,流惠子弟后学。

介于官刻与私刻之间,还有一类书院刻书,宋元时期随书院藏书的发展而繁荣。

因为官刻与私刻资金雄厚,所出版的书籍质量较高,但基本不供应市场。书籍内容、范围、种类比较窄小,远不能满足社会大众对知识文化的渴求。填补社会用书的需求主要依靠书坊刻书。

书坊,也称书林、书堂、经籍铺等。"书坊"一词主要应用在雕版印刷兴起后的印本时代,与写本时代所说的书肆有所区别。

古代书坊承担着从刻印到发行的一系列运作,以社会各阶层需求为生产对象,注重经济效益。除刻印儒家经典、诗词文集以外,还囊括了地理、历法、启蒙读物、生活日用等方面。戚福康老师《中国古代书坊研究》一书中称书坊生产的最大特点是社会性,在民间起到普及阅读的作用。这也是官刻与私刻所不具备的重要特征。

开设书坊是一门生意经,一些较大规模的书坊也在历史中留下了名字。

临安府荣六郎家书籍铺刻印《抱朴子内篇》20卷,今藏辽宁省图书馆。

荣六郎家书籍铺是北宋年间的一家大书坊,开设在车马喧嚣的东京汴梁东门大街上。北宋灭亡后,又随着南宋一路迁至临安府继续开店,热闹的商街旺铺吸引着购书人络绎不绝,是宋代存在时间最长的刻书机构之一。

清代的苏州是文人汇聚之地，苏州城内书坊最多：清中期约57家，至乾嘉时期达到72家。扫叶山房、宝翰楼、大观堂等字号至今常见印于古书牌记中。

清朝光绪年间，坊刻印刷家马士光在河南开封有"马集文斋"，除刊刻图书，也兼做碑拓、印章等买卖。到民国年间，掌柜马志超还有门面房小楼一幢，平时有写工、刻工、印工10多人。这是河南经营时间最长、刻书最多的刻字局。

有关古代书坊的分布、发展历史，刊刻书籍的版本、数量等的研究，汗牛充栋。而关于刻工、装潢工、拓印工人，以及与书坊的雇佣关系、薪酬等的资料却少之又少。

装订书籍的工人在唐代叫作装潢手，宋代称为裱褙匠，清代时常唤作装潢作或书作。古代手工业者的社会地位和收入都很低。明万历《工部厂库须知》卷三《营缮司》记载：宗人府纂修《玉牒》表背（裱褙）等匠，每名每月工食银一两五钱。这大约与当时的自耕农收入水平相近。

受雇于官府的工匠薪酬比较稳定，而私人书坊刻书则要考虑收支平衡，用工上尽量压缩成本。

依现有的材料来看，明代刻工工价大致在每百字银五分至三分之间，从成化至崇祯年间逐渐下降。这还是有一定技术含量的雕版师傅的薪资。当时豆油价格是每斤八厘，大米时价每斤二分二厘。算来收入仅止糊口。而拓印工和装潢工的薪酬可能更少。劳动力低廉使得许多小型刻书坊的工人水平良莠不齐，人员流动性大，出版的书籍质量欠佳，有关工人的信息也很少保留下来。

在中国的文化体系中，人们更关注物品的使用者而非创造者。古代工匠经手加工或修复的书籍千古流传，但他们的名字却如烟尘般消散在时间的洪流里。

极为难得的，将刻工姓名单独印在书中的典范，要数私家刻印中的明嘉靖三十五年（1556）无锡顾氏家族"奇字斋"刻本《类笺王右丞诗集》。顾起经刊刻该书不过百页，刻工多至二十四人。书中将校勘3人、雕梓24人、装潢3人的姓名印在卷末。

虽然当时刻入工匠名字可能是为便于计算工钱，但作为百年后的同行，我很高兴在此提及三位装潢工人的名字：他们是苏州人刘观，无锡人赵经、杨金。这也是历代刻书中少有的，将匠人名字完整、单独保存下来的重要资料。

今天，在扬州博物馆的一个展厅里，陈列着一组1:1大小的人物雕塑，再现了古代书坊刊刻、装订书籍的全过程。雕版印刷已列入国家级非物质文化遗产保护名录，这组雕塑是对古代劳动人民的致敬，雕刻精致写实，场景蔚为壮观。

当代人看古书，是南风吹来旧相识的可念可爱，即便人们对文字内容一知半解，仍不妨碍沉湎于古代装帧艺术的优美，为想象力留白。

……那或许是南方某个幽静的小巷深处，加工书籍的房间里堆满刚印制好的书页。纸墨黑白分明，版式字口齐整。忙碌的装潢工人粗衣短褐，挽着袖子，熟练地对折书页、墩齐书口、订纸捻、上书皮……卖力工作，以供家中薄薄的饭食。

至天色渐暗，若没有大客户要求赶工，老板是不会多搭进

1. 一张书叶　　　　2. 书叶对折

3. 多张书叶摞齐　　4. 纸捻固定

5. 打书眼　　　　　6. 加护叶和书衣

7. 缝线装订　　　　8. 贴书签，完成

线装书装订步骤

灯油钱的。工人拭去额上的汗珠,不觉想到街边香糯的炊饼、陋居里灶台旁的热汤,哪一样都比这纸屑纷飞的工坊更吸引人。于是,集中在手上的意识稍走了神儿,一张书页的边缘未经展平就迅速装入书册,穿针引线,缝书的速度正合了他的归心似箭。

当最后一抹晚霞在山边掩住了脸,最后一个离开的人关好门窗,将一屋子装好与没装好的书页全数锁进黑暗,那页折了边角的书册也随之隐没书山,隐没在宏大历史中某个无人问津的角落里。

2. 小残宜简修

1912年,是按年代界定古籍文献定义的节点。古籍,是中国古代书籍的简称,主要指书写或印刷于1912年以前具有中国古典装帧形式的书籍。内容涉及中国古代军事、科技、政治、经济、文化等各个方面。

1912年,也是中国历史划时代的转折点。封建王朝的瓦解与不稳定的新政治格局导致社会经济文化不断变动,此时许多私人藏书家无力负担高昂的收藏成本,大量散落民间的古籍经过各种渠道,在随后的岁月里多数收归国家公藏。

存世古籍中,内府珍本、孤本善本、名抄名校的顶流还属珍贵稀少,绝大部分普通古籍仍然是面目模糊的芸芸众生。有些书可能一直鲜有人翻阅,入藏图书馆后,继续它们束之高阁的生涯。

那册夹了一页折角的书,也在混懵的辗转中始终沉睡,始终无人问津,直到一束光照亮,将它唤醒。

这束光来自德国"赛数os12002c"高精度非接触式扫描仪的感应灯管。灯光闪过,一亮一灭间,清晰收录下书中每一处细节,将一页页文字、图案转换成为600dpi分辨率的电子图片,再录入专属的数据库。

扫描人员娴熟地翻书、逐页扫图,直到折角书页出现,令工作戛然而止。

折角明显挡住了一部分文字,严重妨碍了扫描内容的完整性。用手扯一扯,弄不开,于是将书送到修复组,就这样,递到了我手上。

读书时如果翻到这样一页,定会感到心烦。我第一次遇到这种情况时也很茫然。

无从追寻是否前人工作摸鱼所造成的旧账,眼下是折角牢固,将文字悄然藏起,于观者,徒以纸背相赠。

为这一小处伤损,拆书重缝,值得么?

拆线很容易,只需几剪子,原书订线就秒变历史了。端详书体,从内页到装帧、纸张到丝线,除了老化泛黄,未见其他明显损伤,完好保留了最初生产时的模样。少人翻阅的书籍却有大椿之福。

古籍本身无一处不是文物,没有大损伤,不宜随意拆卸和替换材料。那么,最好是不拆书简单处理一下,也是遵循最小干预、最稳妥的方法。

先考虑打开折角、展平纸张,让文字正面示人。

书脊内有纸捻,外有缝线,是集合书页不散的关键部位,凝聚力量斐然。直接拽出纸页似乎不大可能,况且古纸脆弱,用大力恐有撕坏的风险。当然也慎用锋利的剪刀,万一造成新伤更得不偿失。

选择用小针锥吧,一点点地剔开被压住的边缘,让折角以断臂求生的姿态舒展开来。

剔开后的纸边参差褶皱,不合群地支棱在外面。

下一步是把纸再塞回去。裁下纸边多余的部分,仅留下可供塞进书脊的宽度。用最小号竹启子蘸一点稠糨糊,先伸进书脊缝隙中涂抹一点,轻按住薄软的纸张,将书页缓慢送入书脊缝隙内。至于力道么,全靠小竹启子一点点将纸向里面塞了。

粘好后,合上书册,观察书口是否平整。纵然这一页是隔了上百年才归队,也不要留下格格不入的破绽。

向书页少量喷水、润潮、垫上干净的宣纸,再轻压半晌。纸张纤维在湿度中稍稍涨开,缓解了原先的折痕。

最后裁掉露在书页外面的多余纸边,裁下的纸不忍丢弃,又夹回书中,也算拾带重还。

简单修整后,基本看不出来原先的折角痕迹,填在书脊缝隙内的稠糨糊勉强粘住书页残边,一段时间内,大概不会影响阅读。

不拆书的修复也称作"简修",多在扫描或清点书库中偶然发现,隐匿书中的残损也仅为一页或数页,需要快速修好,以便继续扫描或阅览。大多都是匆匆送来,修完又匆匆归还。

"简",是指简化了工序——不必拆书,自然省去洗书页、

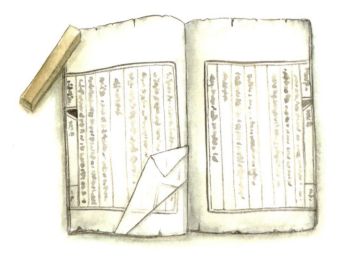 简修

内页折角

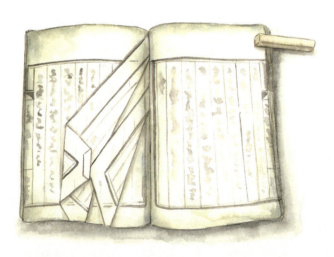 内叶折角

 内页双折角

内页双折角

书页内折的损伤

将折角挑开,多余纸边塞进书脊

书页粘连

大面积纸张加固、齐书口、装订等一系列操作。但"修"的过程,仍需斟酌仔细,用心之处依然要贯穿始终。

简修的书籍破损范围不大,破损形式却多种多样。内页折角是比较容易解决的问题;另有一些复杂的情况,如"纸张粘连"、断断续续的书口开裂等,随时恭候着修复师们"开盲盒"。

书页破损加向内折角,着实让人眼前一亮(一瞎),展开折角后还要修补粘接断裂处。不拆书的状态下,只能采取从里面掏着补——撑开书页,从筒子页的中间送入补纸,粘住断裂的部位。

国家非物质文化遗产项目古籍修复技艺代表性传承人杜伟生老师在2002年修复《永乐大典》时,也是采取了在不拆书的状态下使用掏补法。

由于掏补时无法从正面观察修补的情况,所以整个过程全凭修复师手法稳健。而修复的书页也很容易因不能拆书而无法彻底展开压平,这也是简修的难度所在。

为避免纸张伸缩起皱,只能在操作中尽量减少糨糊和水的用量,同时考虑小范围压平的可操作性。书籍的平整度和修复效果并不因拆书与否而区别对待。

看似简单修书,细究起来,也是虽简犹繁。

3. 简修不简单

竹窗摇影旧书案,手把佳篇伴寂寥。古人观书,不只翻翻而已。

明代胡应麟《少室山房笔丛》甲部卷四《经籍会通四》中谈道："凡书之直之等差，视其本，视其刻，视其纸，视其装，视其刷，视其缓急，视其有无……"

可见对一套书的评价是来自全方位的审视：书籍的内容、版刻、纸张、拓印、装潢等等皆是衡量其综合价值的重要因素。

历代爱书之人在文字上精于校勘者，对书籍外观也同样看重，有些藏书家还会亲自动手修补书上破损。明代藏书家徐𤊹在《藏书屋铭》中写道："先人手泽，连篇累纸。珍惜装潢，不忍残毁。补缺拾遗，坊售肆市……"他在四处访书收藏的过程中，也注重对书籍"手自粘贴，重加装潢"。

遗憾甚少见到古代藏书家经手修复的成果，但想来读书人修复书籍，应是更加细致入微，也当更多为延续书籍寿命而考虑吧。

古籍修复之难，在于时间与不良环境遗留在书册上的大面积虫蛀、霉蚀、水渍、火烬……伤痕触目惊心。修复师面对古书，一如医生面对重症患者，要施展专业技能，进行耗时费力的大手术。遇破损严重的书，可能一天只能修复两到三页，工作速度极慢。

相比于不忍碰触的书砖或纸渣，简修的书籍通常品相完好，一些伤残多为出厂时自带的原生态损伤，属于立等可取的门诊手术。但又由于时间紧迫，容不得磨洋工，修复师必须具备急诊科医生的魄力，快速部署稳妥的方案并做出有效处理。

简修对速度有要求，一来因为修复面积小，二来需要及时

修书的纠结

归还。这样的赶工，一天修个一两册还好应对，有时连续送来五六册书，修复师抓狂的心情也是难以表述了。

当没有太多时间磨合修复方案时，熟悉掌握各种装帧、破损及处理方法，乃至不同纸张的纤维特性就显得尤为重要。

不得不说，平日积累的技术经验在简修中几乎全部都能用到，简修古籍，也是对修复师业务能力的一种考验。

此外，由于仅修补指定部位，书上其他残损只能任其搁置。眼瞅着书皮残破不能补，书口开裂不能连接……无法做到尽善尽美，时常令修书人的完美主义强迫症爆棚，引发纠结沮丧，久久不能平复的情况时有发生。追求工艺完美可能是大部分手工从业者的通病吧。

简修操作通常只运用一到两种修复技法，相比拆书大修显然要简单许多，即使写下工作记录也不过寥寥数语，修复档案难以汇总成文，也少有专门讲解简修的课程，多是自己在工作中摸索，积累经验。

类似处理折角的一断一裁，其实也经常心有余悸，总担心会否破坏了书籍原本的样子，可若不如此，又恐影响古籍数字化工作。难以两全，只能取法一边。

这些藏在书卷里的小伤残是来自工艺源头的偏差，也在有意无意间提醒着自己，做事不能敷衍马虎。

简修施以小技，但修事无关大小，今人对古书的每一次处理都是对历史原貌的干预，修复师留在书中的修补痕迹所呈现出的是以手映心的工作态度。

修书，越做越胆小。

将修好的书册交还扫描组,回来时,恰逢同事订购的鲜花到货,瓶中姹紫嫣红与桌上的破旧书页相映成景。

这些残存又幸运的古籍见证着时光的流逝,经一代代传承,穿过青灯掩映的繁华旧梦,从寻常巷陌传入藏书家的宅邸,又传进公众查阅的图书馆。书中文字从孱弱的古纸传上明亮的电脑屏幕,开启智能时代汲取古代经典的新方式。又及,蘸浆水、接补纸……残破书册在修复师的案头接驳起一段新生。

愿花常在,人安好,简简单单的日子里,总有书香不散。

书香与花香

过水涤尘——洗书叶

一分光阴添旧色,半池浅水洗书痕

冬日，微风，借午后暖阳，啜一口茶香氤氲，清甘入喉，从水说起。

温柔最初并不如水，华夏民族对水的恐惧藏在甲骨文的"昔"字里——上半部是"水"，下半部是"日"。意为洪水遮天，盖过太阳，这是远古时代人们对于"过往"这一概念的深刻记忆。

当人类文明开始征服大自然，水渐渐位居上善，在《道德经》的诠释里，水有了"利万物而不争"的品格特征。涓涓细水萦绕门庭，供饮、供濯；也奔腾驰骋于江海，叙诗人情怀。

水在时间的长河中蜿蜒，流动的水带来清洁和洗涤的作用，也经过修复师的手，清洗古籍文献上的积年尘垢。

甲骨文　　金文　　小篆　　隶书　　楷书

"昔"字的演变

1. 纸醒于水

用水洗书，听来不可思议。日常图书浸水，通常会引发一通手忙脚乱的收拾，书册纸张因受潮令品相大打折扣。

按惯常思维，纸要远离水，但在古籍修复工作中，洗书却是一道寻常工序。

一方面，是基于清理的需要，百年前的古书，因各自不同的经历自带不同伤残。修复师犹如外科医生，诊疗前，先为病患擦拭血污泥垢，才好看清楚需要处理的伤口。

另一方面，古书纸张多为手工抄造，造纸原料为植物纤维，经传统工艺制成。纸张具有轻、透、薄、软的特点。遇火，化灰燃烬；遇水，却有利于打开皱褶、揭开粘连。

中国手工纸甫一诞生，便与水结下不解之缘。从东汉造纸术兴起，到后世几经发展改进的造纸工艺，水在其中起到了至关重要的作用。

著名的宣纸之乡安徽泾县是历史悠久的造纸圣地，这得益于泾县乌溪上游的两条支流，一条水质偏淡碱，另一条偏淡酸，偏碱性的水适合打料制浆，偏酸性的水适宜抄纸，得天独厚的环境让造纸技艺在此地绵延千载。

浙江富阳一带自古多产优质竹纸，生长毛竹的地方比邻一潭碧波，水质清澈。每年小满前后，人们砍伐竹料，溪流中尽现斩竹漂塘的盛景。

不是任何水都适合造纸，比如北京，因地下水质苦涩，古代京城曾一度被称作"苦海幽州"。旧时南城白纸坊一带虽然

纸浆槽

捞纸水槽

造纸业兴盛，但所出产的"豆纸"质量欠佳，仅能作厕纸用。京城的书画用纸还得依靠南来。

由此可知，从原料植物的生长到水中捞纸成型，都离不开优良水质。我国南方植被茂盛、水土丰沛，自然条件得天独厚，是历代优质纸张的重要生产地。

参差婀娜的造纸植物经过蒸煮、捶打、暴晒、漂白……植物纤维被打散，变成面目模糊的絮状物——纸浆，漂在水槽中兀自混沌，又待一方竹帘入海，纸浆被随之托起，在竹帘上摇荡均匀，凝絮成霜，依附着竹帘的尺寸脱胎换骨。原本水中无形的漂絮在旷阔的世界里展平身姿，逐渐清晰了纸的形态。

将竹帘扣放在竹席上，揭走竹帘。留下的，就是一张张可供书写的纸。

一些纸张用来刊刻书籍，随着售卖，散落到各地。许多许多年以后，书册几经辗转，已经破烂得无法翻阅，又因某个机缘，来到了修复师的手中。

修书人都懂得水在修复中的作用——薄薄的书页即便破皱成一团，看似无从下手，但只要用水闷潮，辅以耐心，就可用针锥和镊子一点点拨开褶皱。展平后，上下垫入干纸，撤去潮气，再放置镇石下压平，书页便又如崭新一般，原先的折痕无迹可寻。

绝大多数中原地区的古籍文献都可以这样展开压平，这是基于传统手工纸的特点，也是当代工业造纸装订的图书望尘莫及的复原能力。

古时候，人们已深知书籍惧火却亲水的特点。位于宁波的著名藏书楼天一阁，建于明代嘉靖时期，其名取自汉代郑玄注《易经》："天一生水，地六成之。"

明朝江浙地区商业社会发展成熟，文人志向开始从科考仕途转向对生命艺术的追求，用别致的园林雅舍构筑自己的生活空间。天一阁的名字表达了书楼主人祈望以水制火，让藏书得以保全的美好意愿。

或许托福于这个吉利的名字，从明、清到近代四百多年的时间里，在和平与动荡的交互裹挟中，天一阁虽历经劫难，但在绝大多数古代藏书楼失却旧影的今天，仍旧层楼巍峨，毅然伫立，继续履行传播中国藏书文化的重任。

余秋雨曾评价：这幢楼像一位见过世面的老人，再大的灾难也承受得住。

天一阁园内有一泓池水，连通园外的月湖，据说是当初为防失火而修葺的蓄水池。水面无波，倒映楼台亭榭，于绿荫环绕中现款款江南风韵。

时光亦如水，燕子剪归春，洗却前尘，似乎那些劫难从未来过，读书人蕉窗泼墨的快意与悠游书海的自在，似也从未离开。

天一生水，生生不息。

2. 洗书有方

书须洗，也要方法得宜。

从外观看，纸张明显变黄、变脆的书属于亟待清洗的对象。这种损伤也叫作纸张酸化。

有关纸张酸化的概念是由美国人威廉·巴罗（William J.

威廉·巴罗

(很长一段时间,William James Barrow都是在自费进行纸张变质方面的研究)

Barrow）通过多年研究实验后在1940年提出的：高酸度是导致纸张老化的主要原因。

不良的保存环境和纸张原料中所含的易于变质的物质都会导致纸张pH值降低，酸度增高。如放任不管，用不了多久，一些陈旧的书籍即会脆化成渣。

用水清洗，在一定程度上能减缓纸张酸化速度，恢复纸张韧性，延长书籍寿命。

洗书前，有一些准备工作是必要的：先在书中寻一处不太显眼的文字或图案，用毛笔蘸清水少量润湿在有颜料或墨迹的地方，然后盖上一张白纸，按压晕开的水痕，再打开查看白纸上有无墨或颜料脱落的痕迹。

确定不会跑色，才能进行水洗。

待修古籍都是百年前的书，绝大部分墨迹早已干透，无惧水流冲刷。但修复前仍不能忽略这个检查环节。在一些朱印本、蓝印本上，或许使用了原料不明的写印材料，很可能会在水流强大的溶解功能下，给你一片追悔莫及的满纸花。

关于古籍修复中洗书的方法，大致可以总结以下几种：

米芾与皂角

中国人重视书画保护与修复古已有之。历代文献中均有记载古人使用皂角清洗书画的过程。

皂角也唤作"鸡栖子"，《急就篇》颜师古注说："皂荚树一名鸡栖。""鸡栖"容易让人想到《诗经》中的"鸡栖于埘，日之夕矣，羊牛下来。君子于役，如之何勿思"。

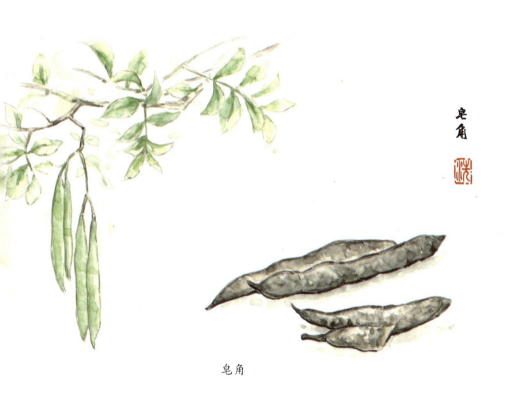

皂角

夕阳西下，鸡回窝上架，牛羊也归圈了，唱歌的人在思念远征之人。而皂角的果实皂荚成熟后放至干瘪，颜色变深，就如同此时降临的暮霭。

皂荚中含有一种叫作皂苷的物质，与水相溶后，能起到表面活性剂的作用。

唐代张彦远《历代名画记·论装背裱轴》中写道："古画必有积年尘埃，须用皂荚清水数宿渍之，平案扦去其尘垢，画复鲜明，色亦不落。"

明代《装潢志》里也提到用皂角水洗书：

> 如霉气重，积污深，则用枇杷核锤浸滚水，冷定洗之，即垢污尽去。或皂角亦可用，则急将清水淋解枇杷、皂角之余气，否则又为画害，慎之。

意思是说皂角和枇杷核泡水都可以用来洗书画，但洗过后要用清水冲干净，不能有残留。

关于皂角洗书，记录比较详细的要数宋代米芾的《书史》：

> 辄以好纸二张，一置书上，一置书下，自旁滤细皂角汁和水，霈然浇水入纸底。于盖纸上用活手软按拂，垢腻皆随水出，内外如是；续以清水浇五七遍，纸墨不动，尘垢皆去。

在书的上下各垫一张纸，将皂角汁液过滤，析出渣滓后，浇在纸上。用手灵活地按拂纸张,书上的污垢便会随水流出。

米芾是宋代著名书画大家,同时是一位颇具实践精神的生活家,他曾在三十二岁那年只身去拜访当时的文坛大佬——王安石,与其探讨唐代杨凝式的书法意趣,相谈甚欢。后来米芾还将此次会面得意地写在《萧闲堂记帖》里:

> 盖仆元丰六年,赴希道金陵从事之辟,会公(王安石)谪居,始识公于钟山。

这份如行者般的魄力与热情贯穿在他一生的文艺追求中,不负世人给予他"颠"字的名号。

相隔遥远时空,我们仍能够从这段文字里依稀看到米芾当年亲手洗书,同时执笔记录的全情投入。国家图书馆田婷婷老师在她的论文《中国古代书画清洗技艺之皂角去污法》中对此有深入分析,并称"非亲自动手无此深切体会"。

是啊!修复工作中,哪一样不是要亲自动手才能得深入了解呢,洗书亦然。

热水浸洗

皂角洗涤,是纸质文献保护的一种传统方式。随时代变迁,这一方法逐渐退出历史舞台,成为过去的记忆。如今修复师们洗书,多是仅用热水。

在传统纸张制作过程中,植物韧皮要经过长时间蒸煮,因而所制成的纸也具有不怕热水冲泡的特点。

置一个长方形水槽,里面垫上稍厚的宣纸。拆开书籍订线,

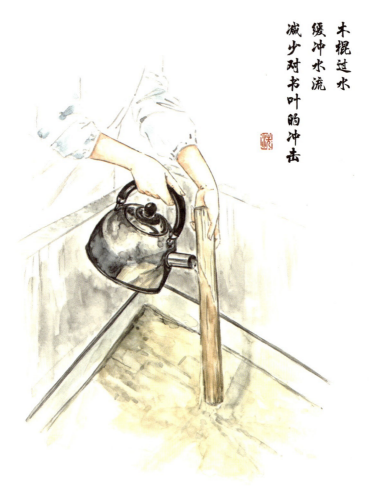

木棍过水
缓冲水流
减少对书叶的冲击

向水槽中注水

撤下纸捻，将书页逐一打开，错落码放在垫纸上。上面再盖一层或两层纸。用手缓缓按压，排一下里面的空气。

预备热水，在70—80℃左右。如果直接浇下去，怕是会连垫纸带书页全砸穿了。现在也有使用热水器的雾状喷淋花洒的，非常方便。

如果没有条件，可采用老师傅们的传统方法：左手竖直拎起一个圆木棍，比如裱轴用的地杆，悬垂于水槽上方。从圆棍侧面浇热水，水顺着棍子缓缓淌到纸上，从而减少对纸张的冲击力。

热水滴落在干燥的纸面上，以攻城略地的态势迅速洇开，从一小块蔓延到一大片，直到注满整个水槽，没过纸张。

待水注入足够了，将导水的木棍横放在水槽中间，向两侧轻轻滚动，纸张和书页之间的空隙会产生气泡，随着圆木推动被赶至边缘、排出，最终使书页全部浸在水里。

热气蒸腾中，水如同一味解药，纸上的尘土与污渍开始瓦解消弭，清水也变得浑浊，化作一池焦黄色，并散发出一股很浓郁的味道，那是古旧书上特有的味道，混合着潮湿、发霉的气息，让人想起常年封闭的地窖。

浸泡一段时间后，缓缓抬起水槽一边，同时用木棍横抵住水槽中部，避免水流将书页冲跑。逐渐立直水槽，倾倒出浑浊的脏水，书页夹在两张纸中间，安全地贴附在水槽底部。

如是浸泡法，过水洗三遍，最后一次沥出的水清澈了许多。

脏水倒出，连带时间的霉痕一同退场。从水中托生的纸，再次由水的洗礼中获得新生。

第一遍浸洗
沥出黄色的脏水

沥水

以碱克酸

用热水洗书,对于去除浮土灰尘很有效,但如果纸张酸化很严重,类似掉渣饼的程度,仅用热水是不够的,还需要加入一些缓解酸性的药品。

早在1936年,美国The Ontario研究基金会即申请了脱酸相关专利。在二十世纪七八十年代,又陆续出现了有机相脱酸法和气相脱酸法。

科学家们在实验室里进行研究,为延长纸质文献的寿命寻找安全有效的办法。但现实工作中,修复师们断然不敢拿珍贵古书做脱酸实验。通常只选择一些性质稳定安全的药品作为脱酸剂。

克酸,当属碱。常用药品如氢氧化钙、纯碱、小苏打等,都是比较温和的带碱性的食品添加剂。

又因碱性物质的去污能力非常强大,使用时需按一定比例与水调配,仅取上层澄清液使用。千万不能天女散花式往水里撒,倘若过量,可能会连带书上文字一并洗个干净。

如要用到脱酸溶液洗书,还需配备一台pH表面酸碱检测仪,实时了解溶液的pH值和书页清洗前后的pH值,做到心里有数。

以"掉渣饼"式的书页为例,清洗前pH值在5以下,属于严重酸化,那么脱酸溶液的pH值就要调兑到9—10左右,最高不宜超过10.5。

有一些古籍属于局部酸化,例如白色书页上明显酸化变黄的纸张边缘,这种情况下,可将脱酸溶液有针对性地刷洗在酸

纸张检测

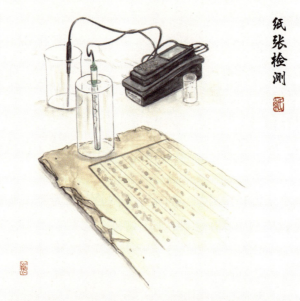

国家图书馆古籍实验室对书页纸张pH值进行检测

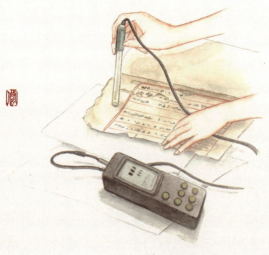

检测古籍纸张酸碱度

化严重部位。

方法：将一块木板倾斜放置，板上铺一张纸，书页摊开放在纸上，排刷蘸取调制好的脱酸溶液，轻轻刷在书页上，古纸老旧，纤维松散，毛笔的力度轻点即可，切记不能大力刷扫。

水润湿了纸张，又从木板上自然淌下。酸化严重的部位可以多刷一些。静置一段时间，让碱性物质充分渗进纸张纤维中。

以成分为30%稻草＋70%青檀皮的书页为例，清洗前纸张pH值是4.5，使用氢氧化钙澄清液进行清洗，晾干后数值升至6.1。

纸张中残余的氢氧化钙在脱水干燥过程中与空气中的CO_2（二氧化碳）结合变为碳酸钙，转变为合适的碱保留物质。

清洗后的书页纸张变得柔软，用手触摸能明显感到略带韧性，俗称"纸有劲儿了"，这些变化是最直观的感受。

刷过脱酸溶液的书页无须清洗，自然晾干即可。不知碱与酸在微观世界中经历了怎样一番缠斗，存留在纤维里的碱性物质由战士变成了守卫者，将陪伴古籍未来的岁月，面对环境的变化，拉住时间的脚步，延缓纸张酸化速度。

脱酸后，上升的数值虽然不多，但或也能为书籍多续上几十年，乃至上百年的寿命。

思及此，不禁莞尔。

全书洗和纸帘洗

从古代用皂角到现代加入碱性物质进行脱酸，修复工作中洗书的方法持续更新变化着，不囿于某一特定形式。

刷脱酸溶液

除单张书页清洗，如果时间紧张，也可以尝试成册清洗。徐晓静老师的文章中，曾介绍过成册洗书的方法，包括冲洗法和浸泡法两种。适用于水渍成片贯穿，需要大面积去污的状况。

注意，适用于整册清洗的古籍书页纸张要韧性强、拉力好、不碎、不糟、不朽、不絮化、不掉色、不洇染，简而言之，就是古籍纸张还算比较结实，经得起多次翻页，受得起在水中浸泡和能承受一定的水的冲击力。

晓静姐在文中详细描述了清洗步骤，主要方法是拆开书册，按顺序错落排开书页，淋大水冲洗或浸泡。成册清洗时，通常书页较多，硬件上还需要有一个可以大面积铺展开书页的较大的桌面或水槽。

此种方法有利有弊：整册清洗速度快，节省时间；不足之处是书页数量较多，用水量大，纸张压叠的位置很容易顾及不到。因此，还要根据具体情况选择使用。

古书纸薄软脆弱，洗书用水的流速一定要缓慢，涓涓细流最好，不会冲坏书页。浸泡书页的水槽里用大张宣纸或较结实的皮纸做上下隔垫，一来对书页起到保护作用，二来垫纸能够吸附灰尘，有助于将污渍从书上粘下来。

除了用纸垫衬书页来清洗以外，抄纸用的竹帘即纸帘，也不失为洗书的好工具。

纸帘，主要用于造纸时抄纸使用，是成纸的关键。一般使用苦竹制作。将竹子去青、拉丝，劈成不足一毫米的纤细篾条，再经过编织、上漆等工艺做成。制作工序古老而繁琐。帘纹越是细密,越适宜抄制薄纸。近年来,纸帘编织技艺也被列入国家非物质文化遗产传统工艺保护项目。

  手工抄纸时,纸浆薄薄一层均匀地铺展在纸帘上,将竹帘的纹路一并镌刻进纸中,形成手工纸上独特的隐隐帘纹。

  因纸帘细密,又具有良好的沥水性,也可用于洗书时来垫衬书页。

  北京师范大学图书馆葛瑞华老师《竹帘在古籍修复中的妙用》一文,就从南京大学图书馆邱晓刚老师发明的竹帘滴浆补书方法谈起,细数竹帘作为洗书垫材的好处。

纸帘编织

借助竹帘清洗脏污、酸化的书页，解决了清洗后书页拎起难的问题，而且一次清洗多张，大大提高了工作效率。另外，因古籍书页受水后会伸长，干燥后又会收缩。而多张书页在同一时间段、同一时长发生变化会使变化差距降到最低；竹帘同时清洗多张书页，也可保证书页能在最短的时间内受水、干燥，每张书页的湿、干时间差可保证最小。这样有利于防止书页之间因为受潮、变干过程中发生的伸缩变化的差异过大，为之后书页的尺寸齐整提供保证。

造纸用的竹帘出自南方匠人之手，在复杂的工艺与较高的人工成本加持下，价格相对昂贵。关于纸帘洗书，我还未曾试过，仅有这一点点的理论认识。

想来，既然手工纸最初由纸帘托举而生，那么再次铺展于纸帘上清洗，还真是再合适不过了。

3. 去尘还神

寒冷的冬日，晴空湛蓝如洗，从胡同院落的灰瓦乌檐间凌空飞出几只鸽子，盘旋俯瞰着四四方方的城市。

北京城，由南向北，从永定门，一路过天安门、地安门，到钟鼓楼止，形成一条贯穿京城的中轴线。不觉让人想起《周礼·考工记》中对宫城建设的严格规定："匠人营国，方九里，旁三门……"

中华民族自古崇尚四平八稳、秩序严整的庄重感。大到一国的都城规划，小到一方纸帘的编织构造，无不遵从规矩法则。

至今，隐映在古纸上的帘纹仍旧经纬清晰，我们依此很容

北京冬日

易分辨出纸张的纵横方向。

  在抄纸荡帘时,水流的方向为纵向,即均匀、有间隔的帘线纹方向为纵向,而密集的竹丝纹方向则为横向。纸张纵向尺寸较为稳定,横向在干湿变化时会收缩较大。

  书页过水,纸张湿透,再放置晾干。经过一湿一干的折腾,纸张纤维多少会有涨出,也就是常说的"纸皱了"。边缘涨出较多时,还会形成波浪状,后期很难压平,这是最麻烦的事情。

  因此,在洗书之前,也应先分析纸张成分,最好先做小范围的干湿测试。实在不容大水浸泡,又亟须清洗的书册,可采取局部喷潮润湿,再用干纸覆压、撤潮,去除浮土尘埃。

  经过清洗,晾干后的书页紧贴在垫纸上,用针锥轻轻挑起书页一角,即可慢慢揭下。逐页摞好、收齐,为下一步修补做准备。

  有时,因为清洗不彻底,可能会产生新的水渍,这是不应该的。没有沥净的脏水会在纸面上形成一道道水痕,俗语叫"河栏"。此处不能念成 hé lán,要读 é(二声)lie(轻声)——发音全靠上卷舌。

  古老的名词在前辈们的交流中一代代传开来,这是古籍修复里常用的一个词语,用来形容没有洗干净而在纸上留下的糨糊印或水痕。如果出现了河栏,还要再进行局部清洗。

  沥出最后一池水,静候书页晾干,古籍修复的每一道工序都是沉浸在悠长时光里的慢功夫。

  茶香散尽,想起书库中还有许多破损待修的古籍——纸张酸化严重者,稍一翻动即会带出纸屑脱落;未经整理的散页和单张碑帖在书架上随意横陈,带着一身残破与污垢,等待整理修复。

靠墙沥水

靠墙沥水

书叶晾干叠摞

洗完晾干的书页

然而，修书的速度很慢，不知何年何月才能轮到它们。为确保安全，每次工作人员排架整理时都尽量不去碰触，避免翻捡造成二次损伤。

　　日复一日，这些古籍文献在恒温18℃的幽暗中沉睡，落满灰尘，等待着，某天人们也会将它们取出来，展开纸张，抚平褶皱，为这些陈年旧纸的再次重生注入一滚醍醐，唤起一池大醒。

　　几句题外话：自古至今，伴随纸质文献保护的发展，洗书方法不断改进，洗书的理念也随时代变化着。

　　旧时修书多出于售卖的需求，人们向往书籍干净整洁的品相，总会想方设法把书洗得崭新。

　　二十世纪八十年代，西方文物保护与修复理论中的三大修复原则——最小干预原则、可识别性和再处理性开始逐渐为国内关注，修旧如旧的理念越发被保护行业所重视。

　　人们渐渐意识到，纸张作为文字的载体，也是记录历史的一个重要部分。修复师开始在工作中进行最小干预的实践。甚至在不影响文字内容的前提下，留下一点原书纸上的少许水痕，将曾经的破损状态作为历史的一部分保留起来的做法也渐被允许。

　　从另一个角度讲，书上的水印或许记录了读书人曾经赌书泼茶的历历往事，那"如旧"的效果，是否也带给观者无限遐想呢？

　　清洗书页是正式进行修补前的基础工作，具体方法还有许多。我仅以个人经验归纳了几种已知的操作方式。查找资料期间，无意中看到一篇关于洗书页的英语题，很有意思。

该题目出自《全国英语等级考试第一级全真模拟题》，发行于2006年，这一年，国家古籍保护中心还未正式成立（国家古籍保护中心成立于2007年）。

考题虽然不难，但想必当时的考生就算通读文章，大概也不大能理解洗书这件比较专业的事情吧。毕竟文献修复工作在整个文物修复行业一直是小众的存在。

有兴趣的读者可以找来看看，体会一下清洗书页在英文语境中的不同观感。

京抄旧存·修复古报纸

新声旧闻言戚戚，片纸流光度年年

1. 旧岁宫门抄

时间，是一摞未收拢的书册，风吹开书页，吹醒一岸绿柳，抚过紫禁城高高的宫墙。

宫门里，一名携带文书的官吏从乾清门西侧的军机处匆匆走出，他无心驻足日日路过的柳岸风光，只赶着将文书送至六科，即监察六部进行誊抄，再转送官办公报房。

官吏所带文书是经过军机处审阅的皇帝谕旨和奏折，以及内府准许发布的军情、规章和官员任免等信息。

公报房外，一众来自各府衙门的抄报员已伫立等候多时。见宫中文件送达，紧跟着鱼贯进入公报房，迅速抄好公文，又四散而去，将抄写内容送到民间各报房刊刻印刷。

一摞摞经公报房翻印、扎成包裹的文书由京城东路的通州府及南路的良乡县，走一东一南，经一州一县，逐路转运送至各省府衙、会馆、驿站。皇帝的圣谕和朝廷的训诫也由此传遍全国各地。

这种用于信息发布与传播的文书叫作邸报，也叫朝报、杂报、驿报等，是我国早期新闻报纸的雏形。

因一次偶然机会修了几张光绪年间的邸报，忍不住搜罗了一些关于邸报的历史,才知道,虽然我国古代交通不如现在便利,却也并非想象中的消息闭塞,也有如新闻报纸一样的媒介,将中央信息传达到各地。

据传,早在夏商周时期,政府需要传达政令时,便派遣一种叫遒人的政府官员,到民间走街串巷传达。《尚书》中"遒人以木铎徇于路"说的就是这个。

西汉时,郡国并行,各郡在都城长安设有办事处,叫作"邸"。《汉书》颜师古注说:"郡国朝宿之舍,在京师者率名邸。"

《说文解字》里,"邸"意为"属国舍也"。类似驻京办事处的功能。

邸承担了中央与郡首长之间的联络任务,朝廷信息经由邸来向下传达,所传递的文件称为邸报。当时的邸报仅为官员提供,普通民众是看不到的。至东汉造纸术发明以后,邸报的发行进一步扩大。

唐代是我国邸报发展的兴盛时期,也是有据可考的一个时代,世界上现存最早的邸报是唐代敦煌归义军《进奏院状》,距今有1100多年历史,现藏于英国国家图书馆。

邸报最初是由朝廷内部传抄,后来张贴于宫门,公诸传抄,故又称宫门抄、辕门抄。

古代邸报的传递与发展有赖于道路的开凿与顺畅。

隋唐时期,国家开凿运河贯通南北;又修建榆林御道通向塞外;开辟大庾岭道路,直达粤东。四方畅通后,政府继续增加驿站、完善驿制。交通的便利为邸报的传递效率提供了很大保证。官员通过阅读邸报关注朝廷要事和人事变动,在当时是非常普遍的事情。

到了印刷技术日趋完备的宋代,邸报更加普及,除了官员,民间百姓也有阅读的机会。《朝野类要》"朝报"条载:"朝报,日生事宜也,每日门下后省编定,请给事判报,方行下都进奏院,报行天下。其有所谓内探、省探、衙探之类,皆衷私小报,率有漏泄之禁,故隐而号之曰新闻。"

"新闻"和"小报"相继出现在此时,说明当时"邸报"也有私泄信息之嫌。

苏东坡有诗云:"坐观邸报谈迂叟,闲说滁山忆醉翁。"说明人们一边看邸报一边闲聊是当时的寻常之事,报上的新消息带来茶余饭后的谈资,一定也为这一时期的烟火人间增添了不少生机与乐趣。

元、明、清三代政权更迭,并未影响邸报的发行,新的王朝沿用前朝邸报政策。内容上没有太大变化,依然以上谕、诏书、对官员的奖惩或新政策、新法规颁布等通知为主。不过,与当今报纸不同的是,官府邸报并不对信息内容作任何评论,旨在作为上传下达的国家制度中的一环。

明清时期的许多文献中常见到"邸报"一词,明代谢铎《邸报》诗中有云:"北窗幽梦正逡巡,忽听南来邸报频。"

《红楼梦》第九十九回的回目"阅邸报老舅自担惊",讲的是贾政在江西粮道任上闲来看报,见报中写有他外甥薛蟠的消息吓了一跳。可见老干部喝茶读报的情景古已有之。

清代的邸报几乎保持着一日一刊的印刷,《大清会典事例》中记载了乾隆二十一年(1756)议准的邸报传递方式:"各省发

邸报

光绪年间散叶
没有报头
竹纸脆黄
纸张褶皱粘连

光绪年间邸报

凌乱的书眼
推测原为毛装

邸报上有装订痕迹

递科抄事件例应责令提塘办理，以杜私抄讹传泄露之弊。嗣后令各提塘公设报房。其应抄事件，亲赴六科抄录，刷印转发各省。所有在京各衙门抄报，总由公报房抄发。"

提塘是指各省选派的驻京武职官员，由他们负责从公报房抄发并传递与本省信息来往的邸报。

古代邸报虽然形式上如同报纸，其实质则是巩固封建社会当权者利益的一种政治手段，如同一纸流动的皇榜诏书，在官员之间传阅。抄写者不能擅自更改文字内容，更不能做任何评论，重者以欺君定罪。发布信息的目的是为贯彻"民可使由之，不可使知之"的阶级统治方针。这是我国古代邸报不同于现代新闻报纸的重要区别。

2. 小损宜小修

邸报的消息出自皇宫内院，印成报纸散在民间。它不像现在对开的大报纸，其尺寸偏小，有些甚至比32开图书还要再小一圈，似是为节省纸张。因邸报短期时效性的特点，在印刷和选纸方面都不太讲究，许多都是草草装订。

光阴辗转，待旧时邸报传到修书人手上的时候，更是没个好模样了。

清朝前中期，邸报也常做成线装书的形式，封面加上书签，题写"邸报"二字，规规矩矩很正式；稍差一点的有毛装。

毛装是古籍的一种装帧形式：两个纸锅子（纸捻）从纸页上下贯穿，两头系牢、拽紧，保证纸页不散即可，书体三边也不讲求裁齐，是比较省事儿的装帧方法。

在那些稍显粗糙的邸报上，边栏和版心皆无，文字密密麻麻又歪歪扭扭，加上纸张破旧，几与烂纸无异。古代印邸报不像刻印书籍还要考虑收藏和售卖，当时许多报房为降低成本，采用泥版印刷。

戈公振《中国报学史》"京报"一节记载了泥版印刷邸报的过程：

> 每日下午，阁抄既出，有老于刻字者，不必书写，随可刻于一种石膏类之泥板上。此板质柔易受刀，俗称"豆腐干儿板"，以火微烙种之，则立坚。用煤屑和水印之，故墨色甚黯淡。

煤屑和水印出的字体自然是模糊不清，语焉不详。时人只当它是阅后即弃的新闻信息，从未曾想过，未来某天邸报也会成为有一定价值的历史文献。

邸报记载的时政消息具有历史资料性，纸张也同样具有文物的意义。清代印刷的邸报多采用竹纸或毛太纸，纸面上有清晰细密的帘纹，纸张非常薄，用薄如蝉翼形容也不为过。

送修邸报的同事嘱咐，无须大动干戈，修至能够扫描即可。遇粘连者启之，褶皱者平之，缺损者补之。

虽说得简单，然而动起手来也要花上一番心思。

修书人不大关注文字内容，更喜欢琢磨纸面上的破损，无论文献价值高或低，皆是翻过书页看背面，学老僧苦参无字经，努力为破书残纸悟出一个功德圆满。

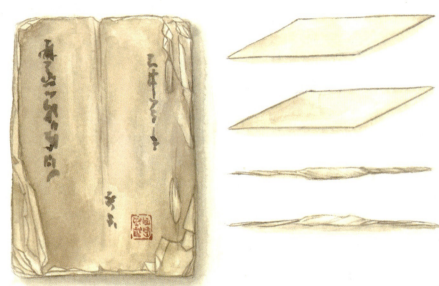

古籍毛装和装订用的纸捻

怀想当年读邸报的人，或许是喝着茶或嗑着瓜子翻看吧；而今日修邸报的人却是埋首桌前，谨慎小心地揭开、捋平、点浆、修补。这薄薄的一页纸张，不知记载了清宫内府哪一段机要旧闻，又引得谁人晓坐闲谈呢？

许多民间刷印的邸报没有报头，版式散乱，也没有边框，形式比较潦草，另有一种京报，品相则要好很多。

京报始于明末清初，一直发行到民国初年。早期的京报内容以翻印邸报为主。除了供政府官员阅览以外，乡绅大户也能订阅。晚清时期，还加入社会新闻，内容与现代新闻报纸逐渐接轨。

清朝末年，国外先进技术引入中国，一些报房改进印刷工艺，采用铅字印刷替代木活字和泥活字，效率和质量大大提升，总发行数达一万余份，发行范围除北京以外，渐遍布全国各地。

修完了邸报与京报之后，同事又送来几张从《申报》中撤出的纸页。

提起民国的报纸，不能不说到赫赫有名的《申报》。《申报》是我国现代报纸开端的标志，1872年由英国商人安纳斯托·美查创办，是以营利为主要目的的商业报纸。在外国人办的报刊中，由中国人主执笔政的，《申报》是第一家。

这几张报纸破损不多，只是纸张零散，也有局部粘连。有的报上印有边栏，展开后像一张书页，却没有页码。

单张纸页修起来并不难，不过这一张张前言不搭后语的片纸，想必修复后的整理工作也是一项艰巨的任务。

京报 散叶
铅字印刷
纸张和排版皆优于邸报

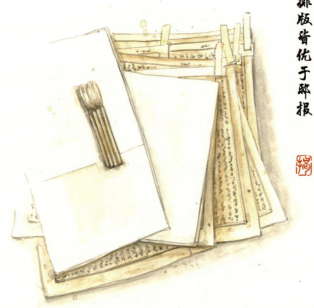

几张京报

3. 昔年归处

报刊印刷最早属于官府政务,清代由各省提塘协办,在京内的民间报房印制。报房出现于明代,兴盛于清代,以设在地方的报房最多,当时较为著名的有聚兴报房、聚恒报房、聚升报房、合成报房等十余家。清代民间报房所出的报纸统称京报,这些出京报的报房也被称为京报房。

旧年京城的民间报房,主要集中在从琉璃厂街向南到虎坊桥一带。

为何集中在北京南城呢?因为南边是清代官员进出京城的必经之路,各省会馆驻扎此处,形成了一个会馆驿站区,各地人员混杂,也是新闻信息流通量较大的地方。

方汉奇先生主编的《中国新闻传播史》中写道:

> 晚清时期,北京发行《京报》的民间报房已达数十家之多,其中以设在铁老鹳庙胡同(今铁鸟胡同),创立于咸丰年间的聚兴报房为最早、影响最大。

铁鸟胡同是后孙公园胡同里一个窄小狭长的分支小巷,今日巷内民宅已翻建为崭新的乌瓦灰墙,不复当年模样。宁静的冬日晌午,鲜少有人路过,只有几只麻雀扑棱棱地从房檐飞向天空。曾经的聚兴报房到底是哪家门牌?不得而知了。

清末民初的中国风雨动荡,铁鸟胡同再往南的魏染胡同30号,在一片平房中耸立出一栋二层小洋楼——近代著名新闻理

魏染胡同的京报馆

论开拓者邵飘萍在这里创办了"京报馆",这里也曾是新青年与旧王朝唇枪舌剑、刀笔相搏的基地。楼门上"京报馆"三个大字是邵飘萍先生的密友,近代中国优秀的报业人士吴鼎先生所题,当年"京报"的报头也由他题写。

京报馆小楼的后面有两个小四合院,建筑面积约820平方米,1984年成为北京市文物保护单位,2021年3月列为中国共产党早期北京革命活动旧址之一。

窗内人已老,门前树已秋。

小楼和院落几经翻新,依然保留了民国时期的房屋格局和木制窄楼梯。据说那时的报社编辑们都穿着蓝褂大袍的工作服,在楼里上上下下忙碌着,其中一些人也因为"敢于讲话",从这里被拉到东边的天桥刑场。

那是一段中国近代有志青年与暴力腐败的军阀统治展开言语对峙的时代。

被誉为"铁肩辣笔"的创建者邵飘萍,在行刑前拱手高言:"诸位免送!"而后面向天空,从容就义,他去世时年仅四十岁。坚信理想的铮铮铁骨比他的文字更令人难忘。

京报馆是我国近代新闻报业的开端,标志着我国报业逐渐脱离官府束缚,转向自由言论的新起点。

如今清王朝覆灭百年,民国业已远去,战乱的尘硝散尽,留下一张张老化泛黄的新闻旧纸垒叠着历史的厚度。

有关新闻报纸及传媒等知识是一个专门的行业,涉及文史地理、朝代官制及军事交通等,并不是我一个修书匠偶得一窥能讲清楚的。

原京华印书局

浅陋如我，只是在修了几张邸报与京报之后，不禁感叹我国报纸的历史竟然如此悠久，于是追寻它们的身影游走了一回京城宣南文化，让泛泛的学习始于好奇，结于敬畏。

走出胡同，路过南新华街路口，见到西北街角的"1920"船楼，宏伟身影在夕阳中矗立。独特的船型楼宇是这里的标志性建筑。它的前身是著名的京华印书局，是康有为、梁启超创办的"强学会书局"的印刷机构，当年也曾秘密印刷过共产党内早期刊物。

遥想近百年前，这栋船楼附近应是遍布着会馆和报馆，南来北往的人们和各方信息在此处聚集，又从这里向四方传递。街道上车水马龙，也和今天一样熙来攘往，热闹非凡吧。

流年似水，一任溯洄带走老去的记忆，旧报刊在时光飞逝中与车马长衫的年代悄然作别。幸存下来的故物文献被小心地存放进书库，又通过扫描影印技术，将图像和文字收进电子数据库，供人们查询。

如今，走进图书馆里，我们可以在阅览室的电脑中轻松调取清末民初的报刊资料，可以按照日期检索、浏览报上信息。科技的发展让尘封的历史不再神秘莫测，那些来自绿柳宫墙里的经年往事，也有机会对你一一诉说。

青泥赤印几人家

悠悠草木人间事,散向黄沙一缕风

土地之于国人,有着怎样重要的意义?

淡泊如陶渊明,也在《归去来兮辞》的序中透露出对一块田地的渴望:"彭泽去家百里,公田之利,足以为酒,故便求之。"

晋代实行占田制,去彭泽做官,能分到一块公田,实现陶公种粮酿酒的愿望。

不同于文人七分种诗、三分赏月的浪漫,劳动人民对土地的热忱只为年有余粮,子嗣繁衍,延续一段闲话桑麻的清平之乐。

土地的典卖与购买在中国历史上从未间断过。人们给土地划出区域,制定价格,将土地的尺寸、交易金额等信息记录在一份古老的民间文书上,这古老的文书便是地契。

1. 民契官验

待修的地契尺寸大大小小,簇拥成一捧老旧泛黄的纸堆,记载已经逝去的人与人的关系、人与土地的关系。

关于古代土地的归属,最有名的一句莫过于《诗经·小雅·北山》中的"溥天之下,莫非王土;率土之滨,莫非王

清宣统年地契,左侧边框有蓝印龙纹

臣"。长久以来，占天下土地者，皆是王臣诸侯。

《礼记·王制》中的一句话更具象化了这一规定："田里不鬻，墓地不请。"意为田地不得私相买卖，墓地皆为公家所颁。奴隶制社会里，民只能耕作土地，而无所有权。这一法令延续至春秋时期，直至列国的烽烟燃起，吹散了周天子的礼乐教法。秦国士大夫商鞅在变法中废井田，开阡陌，推行"名田制"，允许民间开垦荒地为个人所有，由国家统一征收赋税，逐渐开始了土地买卖。

秦始皇统一中国后，在公元前216年颁布诏令，"使黔首自实田"（《史记·秦始皇本纪》）。

"黔首"指的是国民百姓，百姓需要向政府报告土地的实际占有量，统一征缴赋税，故从此在法律上承认了土地私有和买卖制度。随后，土地买卖的形式经过历朝历代政治演变与经济改革，不断变化。

在土地交易过程中，有一项重要的手续，出具凭证维系交易双方的买卖与诚信，这个凭证叫作地契，是"民间文书"或"契约文书"的一种。

地契可分为"白契"和"红契"两种。买卖或典当地产时，双方私下订立的契据未经官府验证，不具备法律效力，叫作白契。立契后，向地方政府缴纳土地税，盖上官印，称为红契。

旧时地契总体上是采取"民写官验"的形式，即先由买卖双方自行协商，按体例格式书写，然后由官府进行验核。验核的方式一般有两种，一种是"官验契"，即在民写地契上加盖当时的州县官印，收取契税，表示官方对地契的承认，"白契"

就变成了"红契"。

虽然白契无官印,但在旧社会家族式或乡约较完善的民间自治体制下,同样具有相当效力,民众间的认可度很高。

另一种是官府收税之后,在"白契"上粘贴由官方统一印刷的文书(即税票),然后在粘贴处加盖州县官印,类似于今天的"骑缝章"。

因为不动产买卖属大额交易,历代都要通过官府认证,完善缴纳土地税费的手续。盖章,即是给予完税证明。远在宋代,我国的土地税票制度即已出现,名叫"公据",至元代称为"税给",明清时期又叫"契尾"。

清代的土地买卖缴税规定非常严格,《大清律例·户律·田宅》载:"凡典买田宅不税契者,笞五十,仍追契内田宅价钱一半入官;不过割者,一亩至五亩,笞四十,每五亩加一等,罪止杖一百。其(不过割之)田入官……"

卖地不缴税,不仅要被杖笞,还要罚款,土地面积越大,罚得越多,严重者甚至没收田产,足见国家对偷税漏税行为的严厉惩戒。

清朝覆灭后,1921年,北洋政府颁布税政条例,不动产买卖在收缴契税的同时推行印花税,将印花税票贴在契约上,如同一张收据证明。

一张地契,加上一张契尾,才算是合法有效的土地买卖交易。另有"正契""副契""契尾"三张相连,称作"三连契"。还有从官纸局直接购买印制好的契纸押,直接填写,形式多样。

许多官契上,常见尺寸硕大的印章,盖得满纸满眼。即便

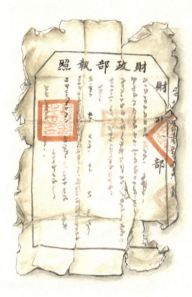

官契

三连契,粘接顺序从右向左

残损的民国地契

从折痕处断裂

纸张陈旧，印泥褪色，仍难掩赤红色印蜕的格外醒目，只是看上去似乎杂乱无章。

其实地契印章并非胡乱戳盖，印款位置亦很有讲究。

作为官方文件，负责签署地契的当地政府或布政司等行政机构要确保印章位置"压年盖月"。这与现代颁发政府报告或签订合同、开具发票等规定的钤印位置非常相似，是极富中国特色的一种盖章形式。

无论是用普通白纸书写还是官契纸书写，其上一般盖有二到五枚印章，常例为三枚。一般在立契时间、银两数目、土地亩数以及中间人等地方加盖印章。立契时间处正盖县印，银两数目处呈45度角斜盖县印。

本就尺寸很大的官印，又数枚同汇聚在一张纸上，乍看之下，难免凌乱。

官印是判断土地交易年代的重要线索，民国政局不稳定，各地政府的印章形制比清代还要复杂。也有不法者将民国印章盖在清代白契上，冒充"红契"作假以抬市价。因此地契上官印的考证还需文献专家进行专业鉴别。

现存地契中，清末与民国时期的地契最多。一路走过政局动荡的年代，从底层民众的手中传递至今，少有好好保管，大多都遗存成一副理不清、展不平的模样。

比如这一张，断成了几截。

模糊的字迹显示：一位名叫阴顺的村民，"因乏不便"，将"自家坐落在古营村村南南北白地四亩……烦中人说合，卖与马太丰名下……恐口无凭，立字为证"。

木尾签名有卖地人阴顺,说合人四位,代字人一位。落款为中华民国二十三年十一月二十四日。虽然不足百年,也是藏家心仪的旧物。

只是这张契约上仅写了交易事项,没有官方印章,是民间私下的买卖协定,只能算是"白契"或"草契"。

总之,缴费、盖章、加税票一系列操作,主要目的都是防止民众漏税和官员私吞土地税。因为有官府印章的加持,现在红契的市场拍卖价格普遍高于白契。

作为一名修书匠,其实看不大懂文献年代和价值高低,地契的破损与修复才是眼下亟待解决的问题。

一张地契的尺寸要比书页大多了。

抖出一块透明塑料布,铺上桌案,在地契修复过程中,塑料布对纸张进行翻、揭等操作能起到至关重要的作用。

小心托起破烂不堪的地契放在塑料布上,背面朝外,将断裂的地方对齐、码好位置。

先测试笔墨洇色。墨色不洇,再行喷水。

纸张已经有点糟朽了,经水一浸,软塌塌地摊成一片。纸在水的浸润中渐渐透明起来,水的湿润唤醒了纸纤维的韧性与活力。

当褶皱不再固执僵硬时,便可用镊子一点点地把折痕展平。

纸上的墨色干涸已久,古老的炭黑不再具有流动性,不仅不跑墨,在水中还越发显得乌亮清晰。

另一些地契上,红彤彤的官印也同样遇水不散。印油和墨迹在漫长的岁月里已练得一身顽强坚定,这些印迹可能会随着纸张磨损而变得模糊不清,但不会再随水流漂摇而四散洇晕。

2. 作价起心

正在修复的地契上没有官印，也无须查考地契背景，我们仅与纸的破损交锋。

折痕展平了，计划先修补破损，再用薄皮纸从背面整托一下，这是修复地契时常用的、比较稳妥的方法。

修补，即是在缺损处粘上补纸，再用镊子把补纸搭口的边缘择细。

修书工作没有太多出彩的花样，最大的亮点唯有倾注细致与耐心，和时间对垒。

补好缺损后，再取一大张薄皮纸做褙纸。

在地契背面刷上浆水，皮纸覆于其上，用棕刷反复刷扫，将纸排实。浆水紧密连接住两张纸，薄皮纸为老旧的地契增添了一份牢固保障。

上好褙纸后，纸张处于潮湿状态下，吸附在塑料布上。从一边提起塑料布，将塑料布与地契整体翻过来，正面朝上。

因为塑料布不吸水，不会与纸张粘连，此时可轻易从正面剥开取下，同时塑料布又在修复中隔绝了地契与桌案粘连的问题，不会伤及正面文字。

透明塑料布是我们托裱大尺寸纸质文献时常用的便捷工具。

从正面检查修补情况，看看文字有没有对齐，折痕有没有完全展开。

无大碍，便再翻过去，继续棕刷飞扫、排实。之后在皮纸四周刷上浆水，双手拎起地契，揭离桌案，托上纸墙，粘好四

托纸后,揭开塑料布

边。边缘处留出一个气孔,便于晾干绷平后撤下。

修复后,地契平整了许多,文字也容易辨识了——"壹段四亩……洋元柒拾伍块二毛整"。

洋元是指外国制造的钱币。鸦片战争以后,外国银元输入中国,民间称为"洋钱"或"洋元",常见有墨西哥银元、日本银元、西班牙银元等。外国银元的大量输入动摇了中国以"两"为单位的银本位制。到民国时期,袁世凯担任大总统后,颁布《国币条例》,制作的新银元就是为我们熟知的"大洋",在民间仍惯称洋元。根据地契签署的年代来看,上面所写的"洋元"即是"大洋"。

根据《地契中地价的古今对比》一文介绍,清光绪年间,1两银子约合1000—1500文铜钱,相当于人民币660.8元,可买大米2石,即188.8公斤。1亩地大约为5000—10000文,约合人民币3000—6000元。民国时期1亩地价格为10—20块大洋,约合5000—20000元。

一个大洋起初与一两银子等价,到后期越发贬值。当时由于中国各地经济产值不同,地价差异很大,换算时也不能一概而论。如1924年鲁迅在北京阜成门的一个胡同花800大洋买下一座四合院。如按现在北京的房价来看,一块大洋值9万元人民币,似乎又太值钱了。

这张地契只写有村名,具体位置不得而知,当时农业用地的价格也不可能和京城一样高。那么根据民国土地价格一亩约10—20块大洋粗略推算,四亩地卖七十五个大洋也算合理,约等于现在的七八万元人民币,在二十世纪二三十年代的乡镇应是一笔不小的数目。

中国古代社会没有契约法，契约文书是双方签订协议的唯一实物证明。找中人作证，为交易双方提供有效的监督责任，体现公平公正，是签订契约的必要手段。

然而不菲的金额一进一出，难免有人欢喜有人忧。不乏有个别代笔者为牟私利，篡改文书，坑害一方。

在贵州省锦屏县魁胆村村志中，记载了民国前期，村人王海求卖一丘田给族人王彦科的公案，议定卖价四十八吊八百文，王海求不识字，王彦科遂暗中勾结代书人，写契时略去四十八吊，只写了八百文。

签字后，彦科对海求说手上现金不够，先给八百文，余下的过几天再给。几日之后，海求向彦科追讨，彦科拿出地契，言明卖价为八百文，已付清。

王海求画押时看不懂的文字，求证时依然看不懂，他只能从旁证者无奈的摇头里，看到自己血本无归的绝望。

当时一吊钱约等于一千文左右，对卖家而言，遇到这样的事情可以说是晴天霹雳。

地契连结的是两户人家的诚信，代书者落笔如落刀，心术不轨，会令其中一方蒙受严重损失。

另有一例是本族人买卖房屋和地基的事宜，卖主与代笔人私下收授，将地契"上卖房屋，下卖地基"中的"下"字偷偷加上一点，写成"不"字。

契约成交后，买家拆除旧屋，准备在地基上翻建，此时卖家持契约来阻挠，说地基并没有卖给他，无奈，买家只能白花钱买下一套无法改建的破房子。

这类事件在文化普及度不高的旧社会乡村时有发生。

以农业为主体的生活方式里,人们习惯安居一隅。绝大多数人甚至整个家族,终其一生都没有离开过所居住的村埠。

许多地契在开头描述所出售的土地时,常常写有"祖遗……""祖业……""祖产……"等字样,使得契约文书多了一份上秉祖宗先贤的郑重之感,似也提醒着签字画押的卖方,所出之地乃祖上传承,请再三思,慎重而行。

前些年,北京市扩建城区,曾将一批周边农业用地收归国有,腾退者为此得到了一笔数目庞大的土地补偿款。

那段时间里也响起不同的评论声音,有人艳羡一夜暴富的机会;也有人哀婉叹息,感慨前辈几代人积攒的土地就这样没有了。

城市拆迁扩建诚然是国家发展所需,不可阻挡。于大众而言,个中价值谨做茶余饭后的见仁见智罢了。

3. 岁岁年年

在历史进程中,土地价格总会随着政治、经济的变化不断变动。时至今日,一些大城市的地价已高如天价,如果想用清代或民国地契要回一块家产,怕是不可能了。

自1949年中华人民共和国成立至1978年改革开放前,是土地产权制度自为性变迁的历史时期。土地改革时期(1949—1952年)是第一次自为性制度变迁,以土地私有私用为主体特征。社会主义改造和人民公社化运动时期(1953—1978年)是土地产权制度第二次自为性变迁。社会主义改造时期以土地私有公用为主要特征，人民公社化运动时期以土地公有公用为主要特点。《宪法》第十条中也有明确规定：所有城市的土地归国家所有；农村和郊区的土地，除由法律规定的国家所有以外，均属集体所有。

而清代或民国地契所标明的土地私人所有权在土改完成之后就已作废，于现有法律层面是不被承认的。

如果地契一直在自己手中，并持续使用，也可通过法律手段进行土地确权。但仅止于确立使用权。土地的归属与买卖只能在现行法律制度下操作，这一点毋庸置疑。

回顾从清末到今天，经历了多少战乱和运动，各时期律法一变再变，实在难以追溯。

土地分张又百年，写在契约上的价格褪去了原有的金钱价值，契约成为历史文物。倘若自家留有宅邸或土地的老地契，不妨修复装裱一番，悬挂起来。地契除了是一份交易凭证，也是家族历史的见证。

每逢年节祭祖，可以和儿孙们聊聊地契的来历渊源，不失为一个很好的纪念，家族的和睦安康才是告慰祖先最好的供奉。

回过头来，看这张修好的地契，数日后，在墙上晾干绷平了。拿竹启子探入纸张边缘的启口向外挑去，就势启开四边。

揭纸，下墙，裁齐边缘，修复完工。

破损之处已经连接补齐，但纸上水渍却无法去除，成为与纸张长久相伴的历史痕迹。

绷平下墙

启下托裱好的地契

对这批地契的修复其实并非近期工作，距今已有十余年之久。新冠疫情居家期间整理旧时档案，偶然中发现了它们，不由得追溯起曾经的修复过程。

可惜当年只为匆匆修完，未做纸张检测，地契的纸张成分不得而知，至今想来甚为遗憾。

又因那时初入修复行业，修复档案记录也不够完善，并及手机图片像素较低等原因，未能多存下一些修复过程的照片，如今只徒留对这批地契的贫乏追忆了。

地契在修复完成后归还给原收藏单位，大概率也是不会再见到。

修书人与文献之间总是这样匆匆忙忙地迎来送往，唯一的连结只有当下修时的因缘。每一次相逢都是一场因缘际会，很欣慰，也总有缺憾。

早期的修复采取了整托褙纸的方式，力求平整快捷。现在回想起来，如再修复类似大尺寸的单页藏品，还应多考虑一下装具或者有效的折叠方法等问题。随着修复理念的变化，科学的保存方法也在不断完善中。

古代地契是研究民间土地管理和经济发展的证物，虽属小众，却存量很大，地契的收藏者众多，专业研究、论著也不少。研究人员要具备历史、地理、经济、法律、社会学等多种学科的基础，不在我一个修书匠的探索范畴。

我只因对它们动手动脚之余的便利，浅浅探寻一点这些民间旧物平凡而生动的前尘往事，实属管中窥豹，亦有乐趣无穷。

旧地契

地契是土地交易的凭证，它与婚书、分家文书等同属于民间契约文书的组成部分，不像珍贵的文献典籍，契约实用价值也远大于外观——没有华丽的装潢，没有名家的书法，更没有文人为它诗歌赞颂，绝大多数只是一张连装具都欠奉的纸而已。

这张纸多是诞生在嘈杂泥泞的村里乡间，洋洋洒洒写满交易信息，从代书者的笔锋里吐出最后一个字，留下一个顿点作结束，或甩出漂亮的墨迹拖尾。买卖双方与见证人签字画押，随即约成。

交易仪式讲究一点，会选在高大宽阔的祠堂里或村中广场的戏台上公示宣布。由一位身着长衫的老者用外人听不懂的乡音高声朗读，长袍短褂的邻人在周边垂手而立，间或有孩童匆匆跑过，骑上墙头，凑热闹地指指点点。

朗朗日下，鸦雀飞过了林梢。

卖地者画押时，是否会对祖产有一丝不舍？旋即又在拿到兑现后，立时眉开眼笑。

买地者小心地接过地契、收好，直至某天，也将自身收进了这片土地，将契纸收成光阴里一方带着泥土气息的老物件，和爷爷的旧书或奶奶的陪嫁同置一处。

长长短短，折折叠叠，从一代人手里传到下一代人的手里。

缘

且留古韵继书香——且收

一纸翩然记风雨,又裁云霞作锦衣

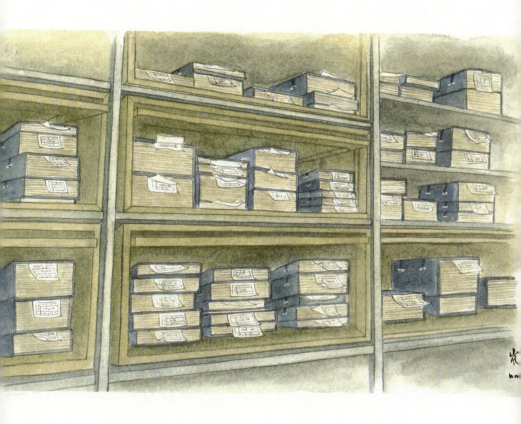

1. 书帙华衣

沙砾滚滚,从最初的微尘聚拢成铺天盖地的沙尘暴时,敦煌莫高窟已不复一千年前如梦似幻的美好了。

一个英籍匈牙利人躲在帐篷里,看着外面飞沙走石,在日记中写下:"1907年3月,敦煌以刺骨的寒风欢迎我们……"

已经数次穿越中亚的斯坦因第一次来到敦煌。此时中国正处于政治变革期,政府无暇顾及这片位于西北的苦寒之地,他得以在此自由穿行,并从沿途的楼兰古城和米兰古城里"捡走"带有文字的丝绸残片和雕塑头像。

眼前壮丽的敦煌更是一个不容错过的宝藏。政府名义上虽封存了这里,却封不住壁画上灵动流畅的线条,如同一根根有魔力的触手,勾连着探险者的好奇心,滋长他们想要占有珍宝的欲望。

斯坦因不动声色地觊觎着,小心避开守门人王道士警惕的打量。

由退役士兵转行的王圆箓道士黝黑、矮小,三年来忠于政府委派的看门任务,每日清理石窟内的积沙,并勤于外出化缘,筹备修缮敦煌的资金。

残破的石窟

王道士守护文物的初衷多半出于信仰使然——重建一个破败的宗教道场是出家人积累福报的法门，似乎与爱国并无太大关联，只是这种缺乏思考的笃信必然会阻碍怀疑产生，于不知不觉中，演变为另一种业障。

当斯坦因用蹩脚的中文讲到玄奘西行取经时，王道士的眼中逐渐卸下了狡黠，转而闪亮起虔诚和兴奋的回应。寻宝者暗喜，忽觉找到了芝麻开门的咒语，立刻投其所好，努力表明自己对玄奘的敬仰和对文物研究的热情。

斯坦因在一幅玄奘取回真经的壁画前信誓旦旦地承诺，会将玄奘取来中国的经卷再度归还给印度。

几番交谈，一场博弈。

这个受过高等教育的蓝眼睛西方人毫无悬念地完美胜出，成为了王道士数次寻求官方资助以求维修敦煌未果后，第一个对他的"文物保护事业"大力肯定、并承诺支持的"盟友"。

一间秘藏了古代书画和文献的敦煌石室被展示出来,成为获胜者超乎想象的惊喜大奖:三米左右的隐秘石室中,堆满了从东晋到北宋时期的经书画卷共计五万多件,数目之庞大、藏品之精美,令世人震惊。

后面的故事,人们都耳熟能详了。斯坦因以三百两银子的价格拉走七大箱经卷,随后法国的伯希和,日本的橘瑞超、吉川小一郎,俄罗斯的奥登堡陆续赶来。1926年,美国人华尔纳到来时,已经没有什么可搬运的文献,于是他用化学黏液破坏性粘揭的方法,从敦煌劫走了二十六块壁画……

敦煌文物被悉数搬空,夜风从大漠深处呼啸而来,穿梭在

敦煌石室中的经卷

空荡荡的石窟里,发出阵阵哀鸣。石化的神佛倏然断裂,飞天将彩练舞成漫天黄沙。

置于历史大背景中看,敦煌文物流失的责任不能片面地归咎于单独哪一个人——王道士的"努力修行"如同一个助推器,贫瘠的国家、腐败的官僚、愚昧的民众、虎视眈眈的列强……无一不是让国宝流失走向无法挽回的推手。这段被掠夺的历史是关于那个时代中国的残痛记忆,也是敦煌学散落全世界的缘起。

回顾这段历史,不是要介绍敦煌遗书。一百多年后和平的今天,我们也有机会在展馆中亲睹部分遗书经卷的真容。但是如果可以,我还想看一看,当年被一同运走的,将佛经画卷分门别类包裹起来的装具:它们的质地有丝绸、布帛,和镶嵌编织彩色丝线的竹帘……这些都是包裹古代书画文献的重要物品,历代人物画中,我们也常见这类盛裹书籍的形式。

古人的记载中,称之为"帙"。

时间的维度渐次铺开,溯源而上,当书籍还不是一册册、一页页翻开的时候,人们把文字写在连缀的竹片、木片和昂贵的丝织品上。

写满一张即卷成一个筒形。纸张出现后,卷筒收纳的形式仍沿用了许久,从汉代延续到唐宋时期,依其形制,叫作"卷子"。

帙的作用是保护卷子、隔绝灰尘,也是最早的书衣。《说文》中释"帙"云:"书衣也,从巾,失声。"以"巾"作部首,说明帙多为织物材质。

《伯牙鼓琴图》中人物所捧的书帙

（摄于故宫文华殿）

同时"帙"也是计量单位，中国早期的简帛依帙的收存分出了卷次，为后世古籍书中卷次的使用奠定了基础。

作书衣，可一卷一帙，比如国家图书馆藏司马光《资治通鉴》手稿，是典型的单卷单帙。较常见的是一帙中包裹着数卷。

历代文献里也有许多关于书帙的记载，陈继儒《群碎录》云："书曰帙者，古人书卷外必有帙藏之，如今裹袱之类。"又提到白居易文集曾留在庐山草堂，面临亡散，宋真宗令崇文院重新写校后，以斑竹帙包裹送到寺院。可见在宋代，帙仍普遍作为书的装具使用。

帙的形状好似一块长巾，起端有一个呈三义形的"燕尾"，用于缠裹后系带。

古代文书典籍多半素纸枯字，总不如书画来得华丽多彩。帙在起到保护书籍作用的同时装点了文献外观，承载着人们对书籍装帧之美的追求。华美的裹袱以七彩锦缎制成，依不同颜色被分别赋予优雅的名字：淡青色布料制成的为"缥帙"，浅黄色的是"缃帙"。

2018年上海图书馆举办的中国古代书籍装潢艺术展名为"缥缃流彩"，即是援引古人对帙的描述而定名。

除此之外，还有"绨帙"表示较厚的丝织物，以及"绿帙"等等。南朝陈江总《皇太子太学讲碑》写"紫台秘典，绿帙奇文"，意为用绿帙收藏珍异书籍。

不禁遥想，在卷轴时代，立一墙插架庋藏，也应是各色书帙异彩纷呈的靓丽展示吧。

公元七至九世纪，敦煌香火缭绕，弥散在佛教的全盛时期，僧侣在国家精英阶层占得一席之地，甚至仅次于世俗统治阶级。虔诚富有的信徒不吝钱财，供养佛陀，包裹经卷所用的帙也做得极其精美细腻。

敦煌石室藏书中，与经书一同流失海外的书帙共有18件：材质为竹的有8件，占总数的44%；材质为丝织品的有7件，占总数的39%；材质为麻布或草编的有3件，占总数的17%。则知敦煌石室经帙的材质确实是以竹和丝织品为主。

其中一些做工精细的长方形竹帙以红褐色竹篾为纬，彩色Z捻（反手捻）线为经，体现了当时成熟的绞编工艺。

敦煌卷子

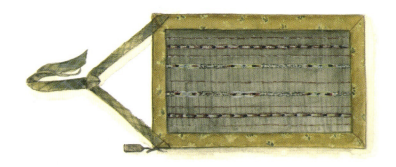

经帙

唐宋时期的经帙大部分出土于敦煌藏经洞,如今散落在世界各地的博物馆。织物寿命比纸张要短,很难长久保存。作为书籍的附属品,帙的存世量不多,很遗憾,在一般文物展览中也少见到。

宋代以后,书籍形式逐渐改变,卷子开始让位给经折装与册页装。作为装具的帙也随之式微。

如今,在一些少数民族文献藏品中,还能见到以织物裹书的形式,而我们仍习惯性地将锦缎或布缝制的书套统称为"帙"。

华美的书帙在时间里模糊了样貌,然而其专指意义一直沿用至今:"护帙有道""卷帙浩繁"……帙的含义依然保持着最初的守护书籍的姿态,延续在我们耳熟能详的汉语词汇里,融入中华文明的血脉中,代代相传。

2. 函套与夹板

拨开敦煌凛冽的风沙,一路向南,越过西藏和青海苍茫的神山圣水,路边渐绿,天气渐暖。今日的云南是东汉时期的古滇国,是唐代的南诏国。高大的芭蕉和棕榈树簇拥多种热带植物在这里怒放生长。

炙热的阳光下,一位僧人从远方走来,他或许来自玄奘曾抵达过的蓝毗尼,或许路过盛产红茶的阿萨姆。汗水浸透僧衣,沾湿肩上的行囊。僧人擦擦额头,寻了一处树荫坐下,饮食休息后,取出经书,合掌诵读。

一张一张、长条形状的经书,是由来自热带和亚热带地区的一种植物——贝多罗树的叶子制成。贝多罗树叶表面平滑坚

锦囊盛书的时代,书写小木牌挂在锦套束口处

实，当地人将其割下裁剪，加酸角或柠檬等物蒸煮，再用河边细砂搓洗、打磨、压平……经多道工序处理后，成为适合镌写文字的材料。

使用贝多罗叶抄写的佛经称作贝叶经，书写贝叶经的笔是用小木棍镶上金属尖制成。在贝叶上镌刻文字，每片可书写4—5行，刻一本经书要用很多片贝叶，比较讲究的贝叶经每一片都用金粉镶边，再用红绳串联成册，便于携带，除了具有文献价值，也是我国的文化艺术珍品。

贝叶经这种用绳子串联的装帧叫作梵夹装，是印度佛经原典的主要载体形制。我国东汉明帝时期传入的佛经大多为贝叶经。现在西藏和西双版纳地区仍存有大量贝叶经文献。

西双版纳贝叶经

绳子穿过数张贝叶，连接起一部古老的佛陀箴言。僧人诵毕，掸袖起身，将经书捆扎好，收进背囊，继续向远方走去。他可能去西藏参学，又或走向汉地传法，隐没在熙熙攘攘的南传佛教僧侣中，将贝叶这种装帧形式散播在绵亘于两国间的丝绸之路中，喧嚣的市集城镇里。

虽然没有特别确凿的证据表明，我国书籍向两边翻开的方式是来自贝叶经的启示，但从唐代元稹"蒲有临书叶，苇充读易编"；裴说"静坐将茶试，闲书把叶翻"等诗词里，可以看到许多处"叶子"与"书页"二词的互为通用。此时，我国书籍装帧也开始由卷子向册页的形式慢慢转变。至今，我们在撰写古籍类文章时，依然会约定俗成地将古籍线装书的"书页"写作"书叶"。

光阴流转，书籍样式由一握纸卷变成了一页页翻开的纸册。

宋代以后，表示书画的"卷轴"和表示书籍的"册子"二词开始各自分别专指，由卷筒改为平放的书册也有了新的装具，更适宜的函套与夹板渐为流行。

函套的使用从何时起源，并不可考。函，有封闭、密封之意。

"书之有函，疑自汉始"，可见函与帙差不多同时产生。根据材质，函分为"玉函""石函""木函"等。给图书做函套、函盒的传统南北朝时已然。

早期皇家多使用石函、玉函放置贵重物品，盛放佛经的书匣称为"经函""经衾"。《旧唐书·礼乐志》云："旧藏玉牒止用石函，亦犹盛书箧笥，所以或呼石箧。"意思是说，石函用来

云头纹函套展开样式

古籍蓝布插套

破损的古籍函套

存放皇帝封禅用的玉牒。其中箧笥、石箧二词指书筐。

函套是收存古籍的第一层保护，它不像帙那般拥有织物柔软的随意性，而是要根据书册尺寸，使用坚厚的纸板裁切定做。书籍依其长宽、厚度只能放入为其定制的函套中。函套满足了书册密封、平放的收纳需求。

制作函套的纸板是由糨糊粘合多层纸张制成，再经压平，使其硬挺。也有一说这是宋代书画装裱业发达后，人们越发懂得利用裱糊技术的工艺延展。

纸板按照书册尺寸裁切，在函套打开书口的一侧缀以别致的象牙签做搭扣。左右开合的四合套最为常见，书籍的天头地脚露在外面；密封性更好的是六合套，将书籍全部包裹。制作时上、下、左、右，需要五至九张纸板不等。

函套制作过程比较复杂繁琐，前期要准确测量书体厚度，个别纸板还要加入套板折叠的厚度，精确到毫米。

在陈红彦老师和张平老师编著的《中国古籍装具》一书中，关于函套工艺流程有非常详尽的介绍，按图例一步步操作，自己也能为书做出一件漂亮的函套来。

蓝布套是常规款，华丽的锦套是珍善本的高定款。还可在内板上切割不同花纹，形成云头纹、月牙纹、万字纹等多种造型。各式纹样既要典雅精致，又不能妨碍开合搭扣间的泾渭分明，很是考验制作者测量和裁割纸板的功夫。

匠心独运的艺术性蕴于书套之上，为书籍锦上添花，也使得开合装具、取放书籍的过程成为一件赏心乐事。

工艺考究的函套深受读书人喜爱，但纸质函套的密封性过于良好，在多雨湿热的南方容易导致书籍发霉。

居住在江苏常熟的清代藏书家孙从添，以及湖南长沙藏书家叶德辉，深知南方潮湿闷热，相继在各自书中表达过同一观点。

孙从添《藏书纪要》中云："书套不用为佳，用套必蛀。虽放于紫檀香楠匣内藏之，亦终难免。"

叶德辉《藏书十约·装潢》也写道："北方多用纸糊布匣，南方则易含潮，用夹板夹之最妥。"

意思是说书套或昂贵的香楠木匣虽好，却怎奈不透气的环境也成为了蠹虫和霉菌的温床。

因此在南方地区，相比用纸板，不如用木板，上下夹住，既可压平，又令书体四面透风，更为实用。

一些用来收存珍本古籍的夹板会使用名贵的紫檀、花梨等上乘木料制作，书签也不用纸贴，而是在木板上阴刻文字，再添入朱砂或石绿等染料，彰显其昂贵价值。

函套与夹板在明清时期极为盛行，直到今天，依然是中国古籍中最具代表性的收纳方式。

3. 无尽收

书籍装具除了常见的样式，人们在实用性和艺术性的双重表达上不断改革实践，其中一些独具特色的装具于历史上留下惊鸿一瞥。

南朝齐鲍照《代升天行》："五图发金记，九籥隐丹经。"

此处所说九籥，是指专门盛放道教经卷的容器。郑玄《易

古籍夹板

夹板用绳带连接

纬》注曰:"齐鲁之间,名门户及藏器之管曰簾,以藏经。而丹有九转,故曰九簾也。"

簾,原是一种由竹管编成的乐器,类似排箫。可惜没有找到九簾的图片,只残存古文里留下的一个名字,惹人无限遐思:想那隐隐南山中,茂林修竹下,有人截取一段粗如碗口的竹子,似是刚好可以放入一卷道家经书。

为何叫作"九簾"?它又是什么样子呢?这个神秘的装具和经卷一起被收入烟斜雾横的道观里,一阕关于道教典籍收纳的仙家妙意也一同隐没进历史中,缥缈无形。

如果说九簾是只闻其名,不见其形;那么"书檴",便是只见其形,不解其意了。

前些年,在辽宁博物馆看到一幅明代马轼等几位画家所绘《归去来兮图》长卷,其中《稚子候门图》一节的画面中,屋内墙上有一幅画轴呈对折状悬挂,如同一个网兜,里面塞入数卷书画,直把挂轴缀得沉甸甸的。

不禁质疑,文人书房里怎会有如此简单粗暴的装饰品?

后查到马怡所写的《书帙丛考》,提到《集韵》《类编》中将一种先秦时期的"藉书具"称为"檴",又叫"取鱼具"。《书叙指南》称之为承书夹:"承书夹曰书檴,又曰书帙。"书檴、书帙都是藉承与收装书籍之具。功能应当不仅是平铺、敷陈书卷,也包括悬挂承置书卷。马怡在文中援引了汉代画像砖上一个近似书檴的造型加以说明。

根据马怡考证,《归去来兮图》画作中的挂壁,很可能是一个竹编的"书檴"。"书檴"多用于秦汉时期,距今年代久远,

〔明〕马轼、李在、夏芷《归去来兮图》局部

(摄于辽宁博物馆)

文献中对这个词汇的记载也是少之又少，幸而古画留影，偶得见其特殊风貌，收存方式着实有趣。

从早期的帙，到后来的函套、夹板，装具于素雅的书册之外层累珠玉，护佑赏心。

套板开合间，几个世纪过去了。

今日里，大约除了设计或送礼的需求，人们很少再专门为书籍订制护套，就连实体书也在电子读物的冲击下变得岌岌可危。

我们已经习惯了用手指点亮屏幕的阅读方式，沉浸在光媒体中，打发每一个碎片时间。

曾经漫拢一卷闲暇，静坐晴窗诵读的日子，越发变得遥不可及。

出于职业习惯，每逢逛古旧书市场或在古籍拍卖预展上看到带有书帙和函套的文献，总要与书一同取来翻看。

小心地解开松散的系带，打开陈旧的蓝布盒、五彩的锦套……细细端详做工，触摸织物材料的质感。装具收存书籍，也收存着藏家对古老文献的珍爱之情。

不觉光收影歇、日暮西沉。阅罢，合卷，将书籍再放回属于它的装具，一段故去的历史也被收进时间里，愿将先人的智慧和关于古书的循循往事，永远收进我们的记忆里。

且留古韵继书香——且展

细细风凉晴日晚，吹醒诗花又一章

1. 日华涤尘

六月疏风暖,托起嘉兴竹垞的一池荷塘,荷花应季而举,在今天、在清代,娉婷摇曳,两无异。

康熙皇帝踱步荷塘边,寻访江南风物,行至此处,与一位五十多岁的中年壮汉迎面而遇。只见壮汉正揭开衣衫,坦腹露乳,横卧骄阳下,肆意地晒着肚皮。

康熙不解,问他在做什么。中年人拍拍肚子说:"我在晒书啊!晒的是满腹经纶。"

一席话逗得皇帝开怀大笑,风动荷香,叶上露珠滚入池塘,故事在笑声中流传开来。

书韵荷香

无从评说这是市井传闻还是附会了《世说新语》里郝隆的典故。世人只道坦腹晒肚的朱彝尊由此得到皇帝赏识,以诗、词、文三绝之才授翰林院检讨,参与纂修《明史》,并为后人留下《曝书亭集》等多部著作。

朱彝尊过世后,旧宅荷塘的南侧建起了一座曝书的亭子,继续向人们讲述宅院主人晾晒一肚子学问的佳话。

晒书,也称曝书,是我国一个传统而古老的文化活动。古代没有空调、没有恒温调节设备,每一场寒暑交替、旱涝湿燥,都会威胁书籍寿命;游走屋内的鼠蚁和暗暗滋生的蠹虫也是除之不尽的潜在隐患。

书册长期置于函匣之内，又难免遭受霉菌侵蚀。因此，人们在对书籍妥善收纳之余，还要定期翻开晾晒，让书页在温暖和煦的阳光里"透透气"。

历代文献中有不少关于晒书的记载，追溯前人的晒书活动，从简牍木片的时代即已开始了。《穆天子传》卷五中记："天子东游，次于雀梁，曝蠹书于羽陵。"

东汉崔寔《四民月令》：七月七日，曝经书及衣裳，不蠹。明确指出晒书可防止生蠹虫。

历朝历代，从宫廷到民间，从普通百姓到宗教团体，晒书活动有着不同的叫法：道教将晒书节称为"天贶节"，佛教名为"晒经节"，古代山东称作"晒龙袍"，在徐州又叫"曝阳节"……

农历六月六到七月七之间，是我国传统晒书的日子。取意为盛夏时节，阳光充足，易于晾晒。不过中华大地幅员辽阔，南北方气候差异较大，当黄河以北刚刚新绿入夏时，长江以南已是炎热酷暑。地域差异使得各地的晒书时间并不统一。

近代学者、藏书家叶德辉认为："南方七月正值炎薰，烈日曝书，一嫌过于枯燥，一恐暴雨时至，骤不及防。且朝曝夕收，其热非隔宿不退，若竟收放橱内，数日热力不消。不如八九月秋高气爽，时正收敛，且有西风应节，藉可杀虫……"（《藏书十约·收藏》）

江南的春季正值雨打梅子青，久不见阳光。入夏后，农历六七月又逢暑热，湿漉漉的空气惹人烦躁。将书籍放在闷热的户外晾晒似乎不太现实。倒不如立秋以后，暑热退散，更宜邀西风，拥书共赏。

谈及晒书方法，没有比坐拥万卷的藏书家们更内行的了。清代藏书家孙从添在其著作《藏书记要·曝书》中详细记录了自家的晒书流程：

> 曝书须在伏天，照柜数目挨次晒，一柜一日，晒书用板四块，二尺阔，一丈五六尺长，高凳搁起，放日中，将书脑放上面，两面翻晒，不用收起，连板抬风口凉透，方可上楼。遇雨，抬板连书入屋内搁起，最便。摊书板上，须要早凉。恐汗手拿书，沾有痕迹。收放入柜亦然。入柜亦须早，照柜门书单点进，不致错混。倘有该装订之书，即记出书名，以便检点收拾。曝书，秋初亦可。汉唐时有曝书会。后鲜有继其事者。余每慕之，而更望同志者之效法前人也。

文中对取书、晒书、收柜等步骤及注意事项皆作详尽说明。使用隔板晾晒的方式既节省了一册册分放的时间，又避免手中汗渍直接接触书籍。进出只需抬动隔板，也方便雨天一次性收回。晒书结束后，收柜清点，若有取出修复的书，也须及时登记。

最后，藏书家不忘在笔记里感叹向往一番前人的曝书会。由此可见，曝书活动在我国历史上从未间断过，这也是古人最常用的物理护书方法。

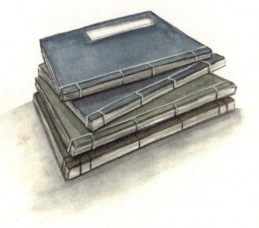

线装书缝线的部位称作书脑

缝线的部位为书脑

书脑内大面积虫蛀

书脑里的虫蛀

孙从添在文中专门提到晒书脑。书脑为线装书上有缝线的一侧，由于丝线紧束，不能翻开，是极易发霉生虫的地方，也是晾晒的重点部位。

晒书脑并不是孙从添的独创发现，宋代费衮的《司马温公读书法》中即已提到司马光在自家读书堂晒书时特地晒书脑的情景："吾每岁以上伏及重阳间，视天气晴明日，即设几案于当日所，侧群书其上，以曝其脑，所以年月虽深，终不损动。"

可见晒书须讲求方法得宜，更有助于延长书籍寿命。

在藏书家堪称教科书级别的晒书方法之外，民间的晒书形式可谓雅俗共赏。一些乡村地区，人们习惯把书籍摆在竹筐笸箩中，像晒菜一样，与家用物什同放同晒。

广东潮州开元寺的僧人晒书时，手持线香，一页页翻动经书，好似不忘表达对佛经的尊敬。这一段是从中山大学林明老师《古代曝书及得失》一文里偶然读到的，犹感佛门晒经的肃穆庄重。

记起小时候家附近有几间古旧书店，店家常在门前老槐树下架起一溜木板摆放图书，板上书册常常更换。现在想来，大概也是商户借销售之便将库存图书轮番晾晒。

通过晒书，逐页翻捡抖晾，能及时掸去书中尘土和小虫，达到防虫防霉的效果，但其实阳光中的紫外线并不利于书籍纸张保护，就如同我们的皮肤曝晒久了会晒伤一样，阳光对纸张有一定的危害性，古人也早已发现这一点。

北魏贾思勰《齐民要术》中写道：

五月湿热，蠹虫将生，书经夏不舒展者，必生虫也……

筲箩里晒书

晒书

> 须要晴时，于大屋下风凉处、不见日处，日曝书，令书免暍。

意思是说，夏日里，选晴天晒书，要放在大屋下有凉风吹过、日光不直晒的地方，以免书暍。

"暍"意为伤暑，中暑。"免暍"即把图书置于不见日处晾晒，以免伤暑。又一说可能"免"是"色"的错字。总归本意是说曝晒会令书籍纸张变色。

在当代，这一引起纸张老化的现象一直备受关注。山东省图书馆古籍修复师侯妍妍老师在《叶氏保护理念及其在古籍保护工作中的实践》中写道：光照中的紫外线会引起纸张上的染料褪色、变色、纤维脆化等现象，加速纸张老化。

我们看到古书纸张焦脆、老化、色深等问题，多半是来自光照与干燥的共同荼毒。

从科学角度讲，纸张的化学成分由纤维素、半纤维素和木质素构成，当含有紫外线的太阳光照射到书纸上，会发生光降解反应，使纤维素分子链断裂，纤维素聚合度降低，导致纸张老化受损。同时，光的破坏作用具有累积性，即其破坏力是光能量与其时间的乘积。

越过艰涩难懂的专业名词，简而言之，紫外线的过度照射像是给纸张打了一套"七伤拳"。虽然一开始表面上看不出什么变化，但构成纸张的纤维素已暗中伤筋动骨。直到日久年深，变了颜色，才愈发显现出伤痕。

温暖的阳光自带悄无声息的副作用，古人不懂其原理，却能通过实践，总结出直晒并不可取的道理，所以主张将书摆放在阴凉通风处，晒后搁置到书册自然凉透，再行收回，是为最好的晾晒收纳方式。

　　摊开书页，书中积年潮气随阳光的热力蒸发消散，但由于纸张本身具有吸水性，容易返潮，若后续保存环境和措施跟不上，一年一次的晒书也并不能阻止文献再度受潮，进而再次引发虫霉。

　　因此，晒书之法绝不只是放在大晴日里一翻了之，还应结合其他存藏措施同时进行，更为全面。

　　我国自古重视文化礼教，历代官方晒书多由秘书省、文渊

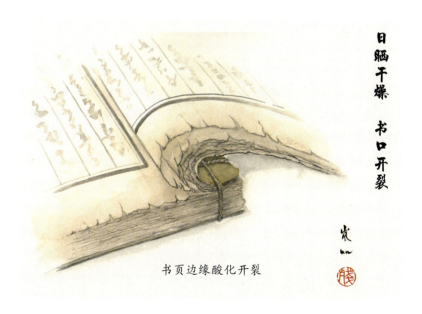

书页边缘酸化开裂

阁、皇史宬负责。官府主持的晒书活动正式且规范，宛如一场大型巡展仪式。

文化发展空前繁荣的宋代最重视晒书，官方曝书要先请示尚书省，确定晒书时间和主持人，待尚书省批准后才能执行。

《南宋馆阁录》卷六"暴书会"条记载："是日，秘阁下设方桌，列御书图画。东壁第一行古器，第二、第三行图画，第四行名贤墨迹，西壁亦如之。东南壁设祖宗御书，西南壁亦如之。御屏后设古器琴砚，道山堂并后轩、著庭皆设图画。开经史子集库、续搜访库，分吏人守视……"

林林总总，皇家隆重的晒书仪式如同一场风风光光的盛宴——书籍字画、文房古器依次码出，价值连城的古董家私在晴空下熠熠生辉。帝王家所晒的，更像是一统江山的富贵威仪。

2. 展卷千古

书，是文人墨客最寻常、最亲近的物品。晒书时节通常也是人们以文会友、相约雅聚的好日子。

选一个晴日里邀约竹林，笔墨点染诗词书画，三五知己作青衫唱和，这般茶炉添火暖、书香自悠然的雅集，大约便是孙从添所羡慕的前人曝书会了。

宋代常在晒书的同时举办类似雅集的晒书宴。据传某次晒书宴会曾巩、曾布两兄弟同时参加，兄弟二人虽同在官场，但时任中书舍人的哥哥曾巩比任给事中的弟弟曾布地位低。宴座排序时，曾布拱手行礼，坚持让哥哥坐上席，并说：此非国家正规宴会，应按兄弟长幼排序。一时传为美谈。

文墨笔会

晒书雅集上，平日谨慎的官员暂时放下职位的顾虑与派系异见，回归到作为读书人的自由潇洒。诗文应答中，推杯换盏间，也为后人留下许多关于古代文人笔墨相知的轶事美谈。

宋以后，元、明、清官方晒书依旧持续，重视程度却每况愈下。清乾隆五十三年（1788），皇帝竟以"匣页用木，无虞虫蛀""卷帙浩繁、不易翻阅""多人抽看、易致损污"及"未能详整安贮"为由，一度命令文渊阁取消曝书制度。

虽然后来陆续恢复，却体现出清廷对书籍文化的态度，实在无法与宋代相提并论。

说起来，晒书确实是一个费时间和力气的活计。尤其在盈富之家的藏书楼里，每逢晒书，必要投入大量人力，无异于开展一场浩大的搬运工程。

清代著名四大藏书楼之一——位于山东聊城的海源阁，从主人杨以增之父杨兆煜开始，经过四代人积累，总计珍藏宋元明清木刻印刷古籍4000余种，220000余卷，其藏书之宏富，版本之精善，文物之丰富，海内闻名。

丰富的家藏让杨氏在护书和传承方面考虑缜密，杨敬夫《曝书》中记："我家遵守旧规，每二年或三年必晒书一次，全家共同从事，并预先邀同亲友数人帮忙，由清明节起，至立夏止。"

因藏书数目庞大，以至举全家之力邀亲朋好友一同为晒书前后忙碌盈月有余。闻此描述，不禁感叹，这个藏书楼是怎样的壮丽辉煌。

今天的海源阁是位于聊城市古城内的一处景点，在原址上

海源阁藏书楼

维修重建。院落里，一幢单檐硬山脊、面阔三间、上下两层的古建筑并不显眼。和古城内其他的新建景点相比，这里几乎是游客最少的地方。

因为只有一进院落，甚至许多人只在门口探探头，拍张照片就走了。

而遥想百年前，在这个远离政治中心的北方小城，能够专为藏书而兴建一座书楼，大概是唯有钟鸣鼎食的书香世家才能承袭的宏大志愿。

如今海源阁成为博物馆，里面也没有书了，只有一楼的小展厅静静诉说曾经的家族荣耀。

纵是斯人远去，书楼寥落，书籍的力量却如星星之火。无论其旁边门庭若市的海源雅集酒店，还是两公里外运河博物馆里的海源书屋，以及当地许多商家和文化场所、文化活动……至今仍借海源之名、乘海源之势，将前辈藏书读书的优良传统散播于城中的每个角落。

海源阁深厚的历史已成为整个聊城地区文化建设发展的基石，爱书敬书的美德深化在当地人心中，长养出一方安心定志的文化自信。

漫步在这座传颂着藏书故事的城市里，备感舒适。

古代私人聚书，需经过几代人的积累，因杨氏藏书不易，海源阁也是历史上出了名的家藏不外借者，一方"子子孙孙永保用享"藏书印凝刻了书楼主人一番苦心。

据说清末小说家刘鹗曾冒雪到海源阁借书，被拒之门外。

北方飘雪的冬天异常寒冷,刘鹗没能得偿所愿的心情或也如这个严冬,降至冰点。无怪乎他在著作《老残游记》中借一首诗对此事予以讽刺:

> 沧苇遵王士礼居,艺芸精舍四家书,一齐归入东昌府,深锁嫏嬛饱蠹鱼。

海源阁即在东昌府。诗中"沧苇""遵王""士礼居""艺芸精舍",分别指代四位赫赫有名的清代藏书家:季振宜、钱遵王、黄丕烈和汪士钟。而他们的藏书最终多被"海源阁"收购,刘鹗讥讽其家藏万卷不过终是饱了书虫蠹鱼,借此发泄求书未得

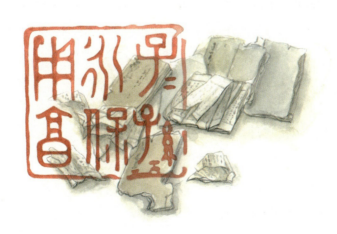

虫蠹勤治,人蠹难防

的不满。

虽然清代出版印刷行业空前繁荣,但是校刻精良的好书仍属稀缺之物,类似海源阁惜书爱典、誓以家传永年的藏书楼林立于旧时代,其不外借的家规放在当时环境中看,尚可理解。然而"子子孙孙永保用享"的美好愿景终究无法阻止政治变革带来的动荡。

当民国取代清政府,军阀割据的时代拉开序幕,普通人民平静的生活像松散的多米诺骨牌,随着国家政局的混乱轰然坍塌。

人与书,皆被抛向未知的命运。

民国十八年(1929),土匪王金发占据聊城。次年寒冷的冬夜,王匪及手下从海源阁掠走了大批藏书。疲劳的匪兵扯下书页,用来擦枪管,擦鼻涕,又随手丢弃。兵马纷至沓来,室内外,到处是打烂的书橱。泥泞的靴子从书上踏过,留下鞋印和满地狼藉。另有一些书被堆进厕所和马厩,蚊蝇环绕。

树木疏凋山雨后,人家低湿水烟中。若书有记忆,会否想起曾经安于高阁密柜、主人拒不外借的无数个雪夜;又或是阳光下舒展纸张,在人们手中小心传递的某个盛夏……如今皆成了回不去的镜花水月。

直到一场大雨过后,故纸尽陨,淋烂成泥。

1931年1月16日的《中央日报》详细报道了这一文化之殇。重新翻来,不禁想起北宋哲学家邵雍的一首诗:

> 虫蠹书害少,人蠹书害多。虫蠹曝已去,人蠹当如何。

书香继世长

不堪的环境会导致书籍出现虫蠹，离乱的国家在战争中会滋生人蠹。展开晾晒，是保护书籍的方法，而更有效的护书方法还是要共同建设、共同维护一个和平稳定的社会环境。如此，方能够让人们自由地书写，自由地阅读，不为明天的温饱担忧，方能促使一代人的精神世界不断成长，心灵世界富足昂扬。

2019年8月，由国家图书馆（国家古籍保护中心）、孔子博物馆、山东省古籍保护中心承办的首届"中华传统晒书大会"启动仪式在曲阜举行。渐被遗忘的晒书传统在国家的扶持与倡导中再度回归。

如今，每逢夏季，各地图书馆和文化单位都会举办以晒书为主题的相关活动，渐成惯例。

所晒内容不止馆藏书籍，还涵盖大众讲座、雕版印刷、碑拓、线装书制作，以及古籍修复等多种体验项目：从古书的版本、古纸的类型，到独特的修书工具……阳光下晒出的，是我国传统技艺不朽的魅力，每每令参与者流连忘返。

一年又一年，书卷翻展间，古老的典籍依然洋溢着未曾消退的活力，唤起我们欲与古人对话的热忱，逐渐成为现代化飞速发展中值得依靠的深厚力量。

这份力量在字里行间，在泛黄的纸上，在人们的探索中，不会因时间流逝而消亡。就如同央视纪录片《苏东坡》其中一集结尾所讲：相信在这世上，有些美好的事物，是可以逆生长的。当枯树发芽，石头花开，一张纸页成为传奇，人们就会从中，嗅到旧年的芬芳。

且留古韵继书香——且修

漫扫纸上烟火色,遍寻缺处补琳琅

古籍修复

1. 修的缘起

传统手工艺的世界，是匠人们的世界，修、补、凿、锤，在一代又一代人的手中传递交接。我们亦步亦趋、小心翼翼，向前辈们学习修复古籍的方法。日子久了，也想回过头来找一找，关于修书的缘起。

翻开北魏贾思勰的《齐民要术》，看到一个陌生的植物名字：薤。

文中写道："书有毁裂……裂薄纸如薤叶以补织，微相入，殆无际会，自非向明举而看之，略不觉补。"

意思是说面对书纸毁裂……需撕出一张像薤叶的补纸，补在缺损处。补纸很薄，就显得细致入微，两相吻合，看不出接合的痕迹。修复后，若不是举起书页透光看，几乎看不出是修补过的。

薤，民间俗称藠头，形似小葱，又比小葱更秀气，是生长在长江中下游地区的一种食用类植物，颇具江南风物的小巧姿态，蒜瓣状的根茎可以腌制成美味小菜。

薤的叶子宽度仅1—3毫米，又细又长。《齐民要术》中以薤叶比喻补书纸，意为用窄细的纸条粘接书页断裂。

薤

古汉语字少而意深，纸条轻微搭上的修补是"微相入"，粘接的效果是"殆无际会"，修完后透光看去，乃"略不觉补"……正可谓妙手都无斧凿痕，字字句句无不描述出修书手法的轻、稳、精、细。

直到今天，破哪里补哪里，依然是修补书页的主要方法。

修复工作中常被问起：为何古籍书要逐洞去补？为何不能像裱画那样，在书页背后整托上一张纸，岂不省时省工？

许久以来，修书与裱画两个行业看上去似乎并不分家——同样是纸质文物，同样使用面粉糨糊作黏合剂，旧时装裱店会同时开设修书和裱画的生意。

但若论起修书和裱画的具体方法，其实有所区别，且各具特点。

书画墨彩淋漓，无论尺寸大小，每一幅皆自成一个世界。国画作品更讲究三分画、七分裱，褙纸撑起薄软的画芯，笔墨立时挺拔大方。托纸，能衬出书画十分的精、气、神。

书籍，则是收拢了文字在纸页里，数十页订成一册，覆上书衣做封面，最精彩的部分是悄然藏起的风景，不擅长显山露水，只等待有缘人前来翻阅。

修书方法一代代传承，逐破而补似乎是传统惯例，分析原因大致有二：

其一是书页数量较多，一册书少则二十几页，多则上百页。如果在每一张书页的背面都托上纸，装订后，书册必然变得厚硬笨重，有失原貌。

其二是一些古书纸张严重老化。托纸时浆水和棕刷在纸上

书画同源

带有包角的厚书脊

反复游走,虽然一次性加固了书页,但日后倘若书籍再次受损,需要重新揭开,难免又一次损伤书纸,乃至伤及文字。

谈及古籍文献,人们历来多关注版本价值和递藏过程,重视书籍内容,传颂文以载道,却常常忽略了纸张还浅淡地藏在文字背后,托起历史的春秋风韵,也残存一抹即将逝去的破损苍凉。

书籍是文字的载体,跨过早期殷商甲骨、金石铭文和秦汉的简帛时代,两千多年来最辉煌灿烂的中华文明主要依靠纸张书写传承至今。人们的生活离不开用纸——泼墨赋彩、作画制书、祭祀敬神、包茶裹物,薄薄的纸张陪伴着烟火人间走过许多个世纪。

传统造纸术是产生于农业社会的历史记忆,与今日机械造纸工艺不同,从植物原料的采集开始,到剥皮、蒸煮、锤碓、抄造……皆由人工完成。

陈刚老师在著作《中国手工纸工艺与纤维分析图释》中，将传统造纸工艺大致总结为采料、浸料、腌料、蒸料、漂白、打浆、抄纸、压榨、干燥九个步骤。近代以来，随着以木材为原料、机械操作为特征的西方机制纸技术的引入，以及书写印刷方式的改变，传统的手工造纸技术受到了很大冲击，开始走向衰落。虽然现在传统造纸在切料和打浆等环节多采用机器锤碓以节省人力，但最后的捞纸、焙纸和裁纸工序依然保持人工操作。

古老的工艺服务于古代社会缓慢的生活节奏，无法大幅提高产能的手工业最终还是被工业造纸动辄万吨的产量覆盖，逐渐消失。

目前我国还有少量家族纸坊坚守着老一辈的基业，沿着浙江图书馆修复师汪帆老师《寻纸》一书的旅程，还能找到一些小众的手工造纸坊，他们遍布在祖国大江南北，为我们保留了一丝有关传统古法造纸技术的微光。

时光如梭，大量古代民间用纸业已消逝，有幸印上文字、摞纸成书者，亦随世间风雨飘摇至今。直到书籍变成古董，纸张也成为文物。

时至今日，我们对古籍的审视不再是单一标准，图文内容的资料性、纸墨的文物性、装帧样式的艺术性，共同构筑起对纸质文献藏品的综合价值评价。

人们的目光开始越过文字，渐渐重视起这些尚未托裱、还保留旧时原貌的古老纸张，并从中探寻古代手工业技术发展演变的历史。

基于古代纸张文物性的特点，修书时尽量不作托裱，多是

中国传统造纸 手工抄纸

云南腾冲滇结香造纸

以打补丁的方式在小范围补洞。按照国家古籍保护中心的标准，补纸与原书搭口的宽度应控制在2毫米左右，我们继续承袭古人"微相入"的修复方式，力求最大限度减少对书体的干预。

这种保守的修书方法减少过度干预，速度很慢，自然增加了工作强度，却也为分析古代纸张、进行科学研究留存了文物标本。

修书工作是以保护和传承为目的，我们延续传统的修复方法，而有关修复理论的论述则属于舶来品。

18世纪的阳光照亮水城威尼斯，这里是欧洲艺术精品的汇集之地。从事艺术品翻新工作的彼得罗·爱德华兹根据多年实践经验，首次提出不要对画作过度修复，并将这一建议写入《修复手册》用以教导学徒，预防性修复的概念于此时初见雏形，人们开始思考文物修复为何而修？

两百多年后的1964年，《威尼斯宪章》诞生。《宪章》明确了文化遗产保护工作必须遵守"真实性"与"完整性"的原则。

值得一提的是，早期致力于文物保护研究的人除了艺术家，还有许多活跃的欧洲建筑师，他们接受过正规的学术训练，享有很高的社会地位，具有理性的头脑和高雅素质。基于对文化资源的占有和对古代建筑保护的关注，建筑业相比其他行业更早意识到文物价值的意义。

19世纪英国建筑师约翰·罗斯金在著作《建筑七灯》中曾反复论证古代工匠对自然的领悟、材质的把握和所传递出的精神信仰是多么可贵，他满怀对历史文物的深厚感情，探索其中的美学价值，深信先人智慧不会因技术进步而失去意义。

修补书页

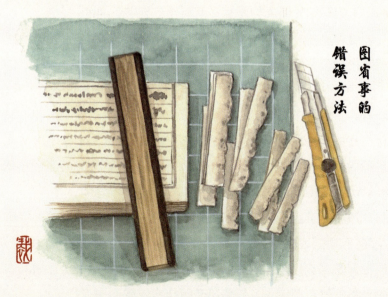

将虫蛀的书边整体裁掉的方法不可取

说到这里，不由得让人想起我国近代著名建筑家梁思成与林徽因，他们是战乱时期穿行在中华大地上的古建筑测绘专家，同时也是守护民族传统文化的先行者。

随着人们在文物保护理论方面的探索逐渐加深，各类针对文物保护的法规制度越发完善，对后来的文献修复有着极为重要的指导意义。

二十世纪八十年代，国家图书馆修复敦煌遗书时，借鉴国外敦煌遗书修复经验，从四个方面制定了相应的修复原则：①在指导思想上，严格贯彻"整旧如旧"原则，尽可能保持遗书原貌。②在修复方法上，坚决摒弃传统的通卷托裱方式。③在外观效果上，要求修复时附加的裱补纸与原卷必须有明显的区别。④在保留处理上，要求修复工作本身是可逆的。

在这四项修复原则的基础之上，杜伟生老师更细致地将其分出八小项：安全性原则、真实性原则、最小干预原则、可逆性原则、可识别性原则、适宜性原则、相似性原则和规范性原则。明确指出修复时应避免对书籍肆意拆装。

例如以往为求省事，修书时会将没有文字的破损部位整体裁切掉，对书体损伤过大。根据最小干预原则，破损应以补全为主，非必要情况下尽量不改变书体尺寸与结构。

安全性、可识别性和最小干预等都比较好理解，其中的"可逆性原则"，是指我们现在的修补还能够再次揭开、拆下，为后人的再次修复留有余地。例如使用淀粉糨糊做黏合剂，不仅因为安全无毒，也因其有易于揭除的特点。

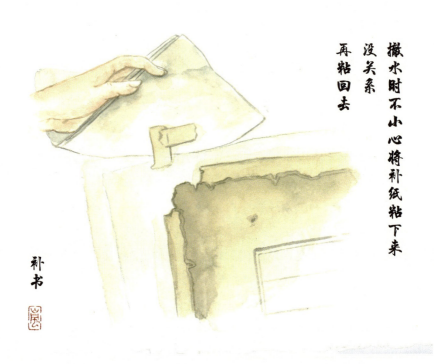

修复时遇到小bug,也要稳稳地处理

书籍传承是一个漫长的过程，在几百年甚至上千年的岁月里，一套书可能经历多次损坏，随着技术发展进步，或许不久的将来还会出现更适宜、更有效的方法来代替今天的修复。

我们要确保到那个时候，现在的补纸还可以在不伤书的状态下被剔除。虽然书中残破不可逆转，但修复程序能做到逆行。

从这一角度来看，可逆性不失为一种先进的、具有前瞻性的修复理念，不止于满足一代人的阅读需求。修复师所践行的工作也非一次修完一劳永逸，而是以传承为主旨，陪伴古籍走过一段延续文脉不断的旅程。

既要遵循修复原则，又要一页页修补，修书的速度就只能用"龟速"来形容了。

好在书的尺寸一般不大，通常展示修复技艺的舞台大约不会超过一张桌面。在这片小天地里，修复师要练手、练眼、练神、练心。明代周嘉胄《装潢志》中精辟总结为："补天之手、贯虱之睛、灵慧虚和、心细如发……"

心灵手巧，是修书人必备的职业能力。修的是书；修的，也是一个人坐得住的耐心。

断裂成渣的纸片需要拼接粘贴；粘连成砖的书页需要一张张揭开；几十册成套的书籍，数百张书页的破损……为保证修补一张书页的过程不被中断，埋首桌前个把小时，几乎是古籍修复人员的工作常态。

《齐民要术》里的"微相入"，是讲补纸与书页的细微衔接；又或许，也是修复师耐心、信心与古籍的相融契合，这段

补纸撕成一张张纸条用于接补酸化的纸张边缘

撕出纸条用于修补书页边缘

枯坐的时间与补纸一并接驳在书页上,开启了延续书籍寿命的另一段时光。

不知不觉地,时间悄悄溜走了,一册册书修好了。

2. 小修自存

一树金黄的银杏叶乘着微凉秋雨,飘然而下,将大地铺展成一张靓丽的洒金宣。江阴博物馆的陈龙老师戏言,这景象远看好像洒金宣中的鱼子金。

鱼子金,是指细小琐碎的金箔落在宣纸上形成星星点点闪耀效果的一种纸张名称,除此以外,还有雪花金、描金笺纸等等。

这些传统纸张名词与现代生活渐行渐远,如今非专业人士鲜少了解。就像古老的书籍,也慢慢褪去阅读的实用性,越发升起远离人间烟火的古董气质。

也难怪呀!古籍的定义是指公元1912年以前出版的书籍,一些少数民族文献可适当放宽到1949年以前。现代仿制古籍装帧出版的都是新书,不是真正意义上的古籍。

所以最年轻的古籍也是一百多岁的垂垂老矣,轻拿轻放,我们理应向古籍致以对长者的敬意。

而每一本古籍、每一张书页纸最初都是干干净净的,颜色有浅白、淡黄、瓷青,等等,衬托着文字图案墨色乌亮、朱砂赤红、洋蓝清爽、鹅黄明媚……直到日久年深,尘土的颗粒、霉菌的斑点、氧化的焦黄,悄无声息地一片片攻城略地;其后又有污浊的水渍、油腻的汗渍、漆黑的墨渍陆续奔涌上来。污渍面积较大处还会影响到书籍内容的完整性。

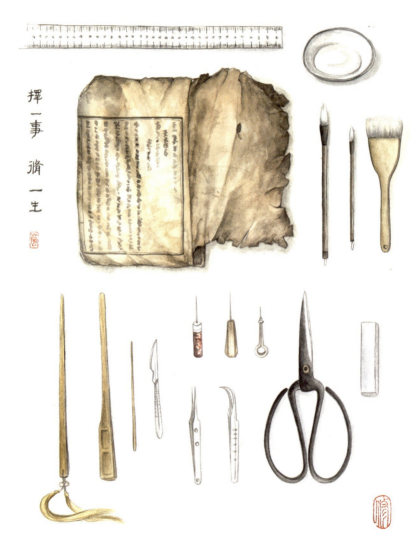

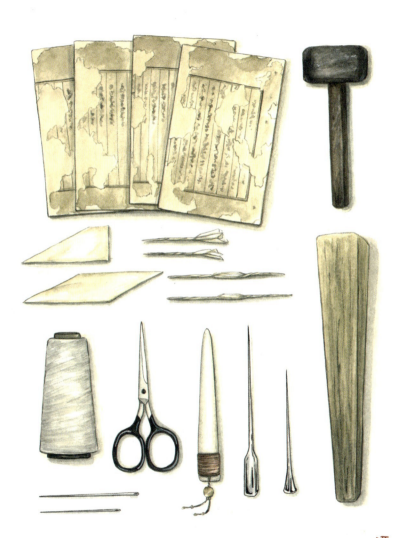

前文所说的修补书页，只是古籍修复其中的一个环节。修书，是由一整套工序组成，包括分析破损情况、制定修复方案、拆开书页清洗、修补、压平、装订，等等。修复过程中可能还需要用到颜料染纸配色，以及处理一些突发情况。

在拥有一定文献藏量的图书馆、博物馆里，专门设有古籍修复岗位，由专业人员负责。工具小到启子、针锥，大到压书石、裱墙，一应俱全。一套书的修复工时少则数日，多则盈月。破旧古书迎来送往，皆是修复师全身心投入的工作。

在很长一段时间里，修书这个行业大多都是闲居自处。随着近年来国家对传统文化的投入及收藏市场的火热，小众而冷门的古籍修复才渐为人知，也偶有读者带着自家藏书前来询问修复事宜，也有人很想自己动手，为爱书整饬一番。

那么能否自行修复残破古籍？居家藏书又该如何进行有效保护呢？

《装潢志》云：书籍苟欲改装，如病笃延医。医善，则随手而起；医不善，则随剂而毙。

许多古籍书的纸张比较脆弱，不当的操作很可能会给书造成不可挽回的伤害。如果没有十足把握，还请不要大拆大补。

古人讲：不遇良工，宁存故物。有时与其匆忙处理，倒不如静置收存，等遇到良工妙手再寻药方，更为妥当。

一些私人的祖上家传书籍多以存藏为主，少有翻看。最外层的书衣承担了绝大部分的岁月侵蚀，翻开里面，书芯却几乎完好。这类书只要修补一下封面或加装一个书皮，多一层保护即可。

新加在外面的书皮尽量选用传统手工纸或加厚宣纸，避免使用报纸。因新闻追求时效、不重纸张的特点，一些报刊用纸质量欠佳，报纸酸化、老化速度快。包裹久了，纸上的油墨还会沾染书册，不利于长期保护。

只要不刻意破坏，古籍的寿命可以跨越一个甚至几个世纪，经过多人递藏，一些书上留下了现在看来不合时宜的修复痕迹：如金属书钉，在线装本上突兀着与传统装帧格格不入的尴尬。

不知是谁急于装订这些散页，又没能好好保存，天长日久，金属钉与两脚铁钉的锈蚀在纸上扩散开来。

古籍上若是发现金属钉，应及时撤下，钉孔周边的锈痕要掸扫干净，用蘸水毛笔清洗，避免铁锈腐蚀纸张。

修书，是修在当下，同时也要为书籍几十年乃至几百年后的变化考虑，从而谨慎选择修复材料。不利于古籍长久保存的材料除了报纸、铁钉，还有胶水、胶带。

市场上售卖的各类化学胶水粘接效果很好，但胶质干涸后很难揭开，有违修复的"可逆性"原则。尤其是乳胶、U胶这类工业黏合剂，更要避免在古籍中使用。

透明胶带的黏性强、不挡字，许多人都有用它修补书本的经验，这里同样不推荐用来修复古籍。

曾经在一册明刻本中，见到书页上遗留着的胶带痕迹，应是现代人在修复时留下的，胶带的黏接力早已失效，可以轻松揭下板结的塑料膜，无奈胶质已经渗入纸张纤维，在书页上形成一条明显的褐色印记，热水闷透也无法清除。

虽然书衣损伤严重，但内页比较完整

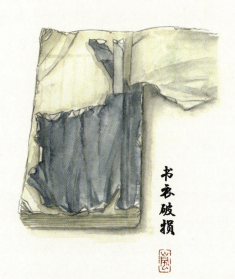

书衣破损

书衣撕裂、折痕

勿用报纸裹书

报纸裹书，会加速书册老化变黄

金属钉生锈
不宜装订古籍

勿用金属钉装订线装书

勿用
胶水
工业胶
乳胶
透明胶带

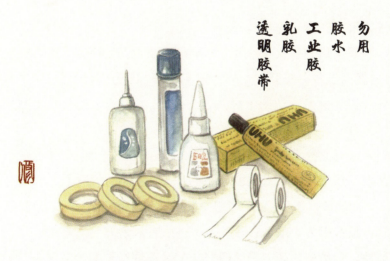

各种化学黏合剂

古籍纸张通常很薄，无法刮削。随时间推移，这条印记可能会继续变深，也可能扩散，它就像一道消除不掉的疤痕，永远与书共存了。

还有水渍。浸了水的书页湿漉、松软，晾干后留下一圈边缘呈黄褐色的弧形印记，浸水也会导致书页粘连。大面积水渍需要使用热水浸泡清洗才能消除。后续书页的晾干、压平、装订等步骤是一套较为繁琐的操作。非专业人士最好不要贸然拆书冲洗。如果仅有少量陈旧水印且不挡字、不妨碍阅读，暂时保留也无妨。

倘若书籍刚从水中湿哒哒地拎出来，不能立刻放到阳光下曝晒。高温会使纸张迅速干燥收缩，令书体严重变形。最好的方法是阴干。或者先用纸吸去多余水分，再用塑料布包裹，放进冰箱里冷藏。

李景仁老师文中提道："低温空气的含水量要比高温空气（自然高温）中低得多，水浸图书在这种低温干燥的环境中，水分会慢慢蒸发，达到干燥的目的。"低温也能够抑制微生物生长，有效避免纸页粘连和霉变。

这有点像常说的去病如抽丝，慢处理方式有助于让纸张逐渐恢复到原有状态。修书，总归是一件急不得的事情。

而墨渍，是黑色的，覆盖力很强，直接遮挡文字，难以去除。

翻看相关文献，去除纸上墨迹最有效的方法似乎只有化学药品。台湾杨时荣老师《图书文献保存性修复》一书中，详细介绍了两种方法：一种是用0.5%高锰酸钾溶液浸泡，再移入草酸溶液中2分钟，进行还原；另一种是次氯酸钠和硫代硫酸钠漂白的方式。书页漂白还原效果甚佳。杨老师书中图例使用的是民国平装书，纸张较厚。涉及古籍，我尚未敢轻易尝试，在此仅作一个理论推荐。

任何药剂药品用到古籍上，都必须非常谨慎小心，哪怕清洗脱酸常用的氢氧化钙溶液，也要经过pH值检测后再行使用，偏高的pH值有可能会连同文字一并洗掉。就算清水去污，也一样需要在入水前测试书中图文及栏线是否洇墨。

古代墨印文字由于时间久远，墨迹干涸，通常不会洇开。而一些朱印本或蓝印本字迹由于其彩墨成分不明、稳固性较差，洇晕几率很大。即便时间已久，大多数仍然遇水即溶。一旦洇开，难以再恢复原样，会对书造成二次损伤，因此需要特别注意。

古书蒙尘，如一场积年旧疾，灰尘里可能还夹杂霉菌，须慎重掸拂，以免微小颗粒四处飞扬，不慎吸入口鼻中还会造成健康隐患。

没有微量吸尘器？可以削一些橡皮粉末，在纸上摩擦，一样起到除尘作用。或揉一块面团，按在书页上来回滚动，直到白面团变成脏乎乎的黑面团，书册表面的尘污也被粘走了一部分。（仅限表面除尘，霉菌不能清除）

现代人收藏古籍，鲜少再有窗下展卷的悠闲自在，留念升值的意义远大于阅读。

如果长期不看，也可为书籍量身打造一个精美函套或木质书盒来收纳。不过实木价格比较昂贵，也可用夹板或普通函套将书夹好，再装进抽真空塑封袋，放入一包干燥剂，隔绝空气，

胶带痕迹

书页上胶带的留痕

墨渍

古籍上的墨迹

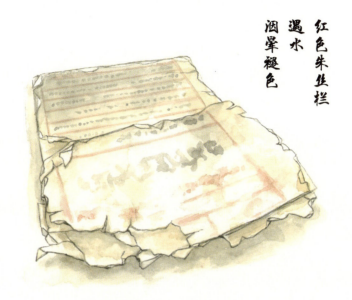

红色朱丝栏遇水洇晕褪色

朱墨洇开后难以复原

白面团除尘后，变成黑面团

降低氧化速度,保存成本低廉又实用。

散页、撕裂、污渍、虫蛀……书籍的破损有许多种形式,对治方法在不断探索完善中。以上列举的几种保护方式比较简便易行。若有家藏破损古籍,又实在不知如何是好,也可与当地的图书馆或博物馆联系咨询,修复师们会很乐意为你提供一些专业建议,甚至教你一些可行的修复方法。尽善尽美保护图书,是我们共同的愿望。

有关古籍修复的具体方法是一个结构完整的知识体系,一本小书中难以叙述全面。

许多修复经验都是前辈们在工作中的实践总结,值得我们继承学习。相关参考书如杜伟生老师的《中国古籍修复与装裱技术图解》,张平老师、吴澍时老师的《古籍修复案例述评》,潘美娣老师的《古籍修复与装帧》,朱振彬老师的《古籍修复探索与实践》等著作,都是严谨翔实的修复专业教科书。书中清晰讲述修复技法及细节操作,对年轻一代修复师的专业拓展有着深远的引领作用,通俗易懂的文字也可供有修书意愿的私人藏家们参考学习。

古籍文献传至今天,其价值已经超越了书籍本身。我们仍保持着传统方法进行修复,同时也是在修复一段多元而生动的记忆——它们是古代的书册,是曾经的纸张,是当年的笔墨,是不朽的艺术,是一个时代的审美,也可能是下一时代的尘土。满载文字的历史在时间中经手传递,将前人的视野带到今天,也牵引着我们的目光,回望着那亘古久远的过去。

秋叶(摄于首都图书馆)

且留古韵继书香——且传

纸上斑驳怀旧影，映照人间启新声

1. 纸上的记忆

早春的阳光微暖，透过窗子，照进国家典籍博物馆四楼，照亮长长的走廊，在一个展厅的门前收住了光。

门内是一片静谧的幽暗空间，展板上的仿古壁画围拢出一室异域风情，让走进来的观众不觉放缓脚步，驻足观赏展柜里一卷卷珍贵藏品——敦煌遗书。

国家图书馆的馆藏以古籍版本著称，典籍文献藏品众多，其中敦煌遗书共藏有16579余号。2023年2月到4月间，国家典籍博物馆举办了"二十世纪初中国古文献四大发现展"，将其中一部分馆藏敦煌文献面向公众，公开展览。

我跟随观展的人群向前移动，目光掠过一件件展品，寻找那幅唐代写本卷子——《大般涅槃经（北本）卷九》。

这件卷子曾在二十世纪八十年代修复过。自我从事修复工作以来，不断从各种报道、书籍、媒体中听闻关于国家级古籍修复专家胡玉清老师修复此件藏品的情况。其中最广为传颂的，莫过于胡老师在修复时特意保留卷子原貌的用心。

《大般涅槃经（北本）卷九》长度不到两米，展柜里只展开了一小部分，纸面明显可见多处缺损，位于卷子的上端，比破损更触目惊心的，是几缕穿纸而绕的麻绳。

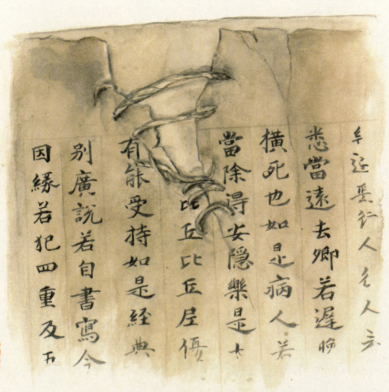

《大般涅槃经(北本)卷九》(局部)缺损

(绘画素材来自典籍博物馆展览)

麻绳较硬，总不如丝线的绕指柔，劈裂的线头经历千年风雨依然执拗地支棱着，和笔意舒展、墨色乌亮的佛经小楷相携而立，凝然并存在厚实的唐代写经纸上，不吝展示着岁月沧桑，似将观者带回那个华丽霓裳与粗砺风沙共舞的盛唐，丝绸路上的驼铃似也随之摇响，透过经卷，诉说起当年的诗意与豪迈。

在卷子的其他部位也有同样的麻绳，密密麻麻，缝合得非常牢固。许多唐代经书卷子为麻纸材质，纸张用黄檗染过（黄檗有防虫避蠹的功效），质地较厚，能够像缝补衣服一样在上面穿针走线、缝缀裂痕，这大约也是前人常用的一种修复方式。

不过纵然纸厚线硬，终抵不过时间磨砺。一千多年过去了，直到胡玉清老师开始修复的时候，留在纸上的麻绳已间歇断裂，留下一块倒三角形的缺失，如同一段失却的记忆，无从寻起。

卷子上面这一大片缺损必要用纸来补全，但是之前的麻绳又该如何处置呢？

在今天看来，散断的麻绳显然与纸质的文献格格不入，当新的补纸与经卷接驳后，麻绳的作用也变得可有可无了。

在修复中将前人不恰当的修补去除是普遍的操作方式，然而具体又该如何处理，全在修复师的决断。

胡老师拿起镊子，仔细地把麻绳从小孔中一点点送过去，从根上一环一环地送……绳子松了，才好把纸展平，然后隔着绳子在裂口周边点糨糊，又按照裂口的形状撕好补纸，掏着粘在缺损处。精准、稳当的手法一如她平日的每一项工作，一丝不苟，甚至更加细致入微。

《大般涅槃经（北本）卷九》修复前

《大般涅槃经（北本）卷九》背面

胡老师采用了比剔除麻绳更繁琐几倍的方法完成了这项修复，纸补上了，麻绳也完整地保留在经卷原有位置上，修复师授意它继续履行最初的职责，继续陪伴这张千年前的经文奔赴时间长路，向后人讲述我国古代一种不同寻常的缝线式修补方法。

在《藏书报》的一次采访中，胡玉清老师谈及此项修复："拿到这件藏品的时候，我们的修复理念已经提高了很多，知道这些线一定要保留的，不能拆掉。我们的修复原则是最少干预，既要少往上添加东西，也要把它原有的东西保留下来，必须想办法达到这样的目标才行。"

古籍修复师是与文献藏品直接接触的第一人，文献以何种面貌传承，几乎全部掌握在修复人员手里——可以图省事将破损部位一刀裁掉，也可以将线装书拆开，单页联排托裱成一个卷轴，以展示托裱技术。只是这样的拆解组合会导致书籍当年的装帧样貌不复存在，在未来，也许会成为一种遗憾。

因此，修复师除须熟练掌握操作技法之外，判断力和审美能力也非常重要，这决定了一套书将会为后人传递出怎样的视觉观感。"最小干预"四个字的背后，是基于无数次工作实践所形成的精准判断和无数次精细操作汇聚成的深刻总结，也饱含着一个人对历史的尊重和对故物的深情。

在这方面，国家图书馆的古籍修复专家们处处为我们做出了榜样。至今，还记得修复专家朱振彬老师对《韶山毛氏族谱》中书页水渍的独特处理方式。

几年前，我在国家图书馆参加学习期间，曾向朱老师请教关于书页清洗的问题，原以为老师会指导一两种如何彻底洗干净的妙招。没想到朱老师却说："其实留下一点水痕也无妨。"

我很疑惑：不洗干净也行吗？

见我不解，他饶有兴致地从电脑中找出《韶山毛氏族谱》修复前后的对比照片。

修复前，书页纸张因浸水变得褶皱不堪，水渍所形成的黄褐色边缘非常明显。

修复后，书页平整干净了许多，但细看之下，却有一弯淡淡的水痕在书页上若隐若现，并不遮挡文字，却更为书册平添了一抹岁月的痕迹。

朱老师说："特意不洗干净，一来是避免大水引起纸张收

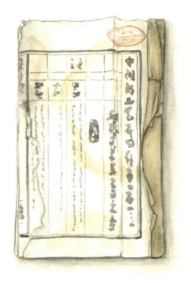

《韶山毛氏族谱》修复前,右侧有明显水痕

清洗水渍

(绘画素材来自朱振彬老师的《古籍修复探索与实践》)

缩，进而影响原貌；二来纸上留下一点水痕也是告诉后人，这本书曾经被水沤过，破损痕迹也是书籍递藏过程中的一部分啊！"

我第一次见到这样的修复方式，这番解说让我既震惊又钦佩。

常说不要把古籍修到全新，要保留一点书中的"旧气"，可若论"旧"到何种程度？似乎无法量化，只能在实践中反复揣摩思考，才能理解"旧"的含义——故纸旧气，不仅指当年的装帧，纸张的材料，还包含了书籍在时间旅程中的一段往昔，乃至一段致损经历，这些都是可以传递给后世的历史信息。

当然，前提是在不影响阅读和书籍寿命的基础上进行处理。至于方法么，还要因书而论、因损而定。

没有一种修复方式是十全十美的，对破损文献的处理皆是当时当下的权宜选择。

在敦煌遗书展上，胡玉清老师看到曾经的修复成果，感慨地告诉我：限于当时的工作条件，卷子的补纸只有乾隆高丽纸一种，不像现在有许多种可供挑选的材料，更没有纸张检测等科技辅助。相比敦煌遗书原本细密光滑的纸质，乾隆高丽纸略显粗糙，以至多年后再看，深感这件藏品的修复还有诸多不足。

我们赞扬前辈的修复成果，老师则着眼于当年修复的不足。科技在进步，就古籍补纸而言，早已从当初仅有的几种，发展到如今多种多样，甚至能为修复一套书专门订制补纸。或许在不久的将来，AI智能的应用还会带来新的修书技术以及更加完善的修复理念。到那时，我们现在的修复技法也会被取代亦说不定呢。

因此，当我们看到前人修复的文献时，应持历史的眼光将其放到当时的局限性中去考量，承认技术的革新，也相信修复师对待藏品的专业态度，即便条件艰苦，他们依然遵循装帧与修复的原则，又能于细微之处做出恰到好处的取舍。

敦煌遗书上的麻绳和《韶山毛氏族谱》里的水痕，如同一段承上启下的记忆，在不经意间将过去与现在串联起来，完整诠释"最小干预"的意义，最大限度保存藏品原貌，让修旧如旧的理念和修复师高超的技艺跃然于观者眼前，是比文字解说更直观的专业魅力。

这种有意而为之的处理方法并非信手拈来，于技法层面上，需要修复人员拥有丰富的工作经验；在心理层面上，则要有蕴于胸中对历史的敬畏和职业的责任感。这是修书人每日与书相对，一张张、一页页"修"出来的日久情深，也是修复工作中超越技术、难以言传的很重要的一部分。

2. 明月长灯照古今

古籍修复是一个细致的活计，古籍传承也是一个漫长的过程，中国古代封建社会以农业经济为主，文化普及率较低，很长时间以来，读书是少部分人才能享有的权利。唐宋时期关于藏书存储的记载很少，有关书籍的保护方法更是文人之间不外传的秘籍。

至明、清时，书籍印刷成本大幅降低，民间藏书开始盛行，书籍的保护与传世逐渐受到重视，有关藏书护书的著述也于此时渐多起来。迄今为止，孙从添的《藏书记要》、叶德辉的

简册　　　　卷子

经折装　　　　线装书

古代书籍装帧形式

《藏书十约》等依然是我们研究古人图书保护的重要资料。

随着人们对纸质文献保护的探索，至现代，逐步建立起科学化保护机制。古籍保护方法从理论上可划分为：原生性保护、再生性保护和传承性保护。

原生性保护：也称作预防性保护，通过调节环境的温湿度，修复破损等方式，对书籍整体形态进行直接干预，延长书籍寿命。在原生性保护中，古籍本身即为保护的主体对象。

再生性保护：利用扫描仪和缩微技术，将古籍图文内容一张张存进电脑，录入数据库。扫描的图片称作"书影"，再通过影印技术，制成一册册新印古籍，供人们阅览收藏。再生性保护是针对文字内容的资料性保存，让尘封的古籍免于"藏而不用"的遗憾。

传承性保护：是近年来由天津师范大学古籍保护研究院院长姚伯岳教授、周余姣教授等专家学者新提出的文献保护理论，是基于文化层面的保护，包括古籍识读能力的保护，古籍制作技艺的传承保护及古籍材料的研习和传承，古籍和古籍保护的社会传播等。主要形式表现在，面向社会大众开展与古籍保护相关的互动体验、展览报道及多媒体宣传等。相比于前两种只能由专业人员负责主导的局限性不同，传承性保护扩大了古籍的传播范围，能够吸纳更多社会人士参与，从整体上增强了古籍保护事业的力量。

古籍修复，在整个文物修复界其实是一个不太起眼的行业，论及材料的多样性和技法的繁琐程度，远不如青铜器和瓷器修复、书画修复等这类市场价值更高的文物藏品修复。更因纸张

古籍修复演示：接补书页边缘

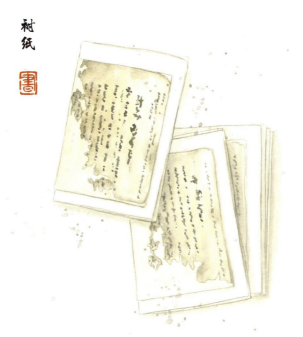

为书页加衬纸

脆弱，可适用的科学检测项目也不多，普通单位甚至难以出具较为全面详细的纸张检测报告。

但也正因古籍装订操作易于上手，书籍与大众贴合度较高等优势，修书、做书，以及围绕传统典籍文化开展的活动成为更适宜普通市民参与体验的项目。例如线装书制作、雕版印刷、传拓体验、造纸体验等等，吸引民众广泛参与的同时也有助于推广全民阅读文化。

亲手缝书，是一件忙碌而有趣的事情，将线头隐藏在书芯内的缝制方式让初学者倍感神奇。

缝一册四眼线装本，需要上下左右来回绕线，极易搞错方向，一处走线的偏差会导致成品多出或少了一根线。有些朋友学得快，缝好后，满意地拿着劳动成果自拍留影；也有人对着缝错的地方一边拆线一边开心大笑。

近几年，在各大城市的图书馆、博物馆、文创店里常举办相关的活动。前来参与的朋友包括各行各业、各个年龄层。除了成年人，也有老人和孩子，在老师的指导下，最终都能收获一个亲手制作的线装笔记本，轻松愉快的氛围是每一次体验活动的最大亮点。

若是问他们记住缝书的方法了吗？只缝一次，怎么可能呢。

哪怕最基础的四眼线装本，通常也要连续缝过十册以上才能熟练。这样的活动我参与指导过数次，很少有零基础的人能一次记住走线方法。但我相信，我国古籍的装帧技艺之美已通过亲手缝制的过程，深深缝进了人们心里。

无论是做书体验，还是雕版印刷，拓片制作……传统非遗

装订缝线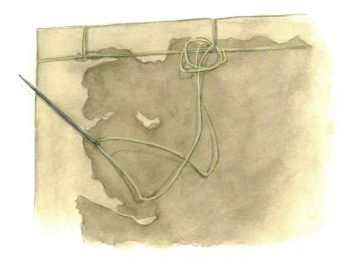

装订缝线-打结

指导缝线装订

的线下活动为读者和修复人员提供了一个交流互动的平台，也是将古籍保护意识传播开去的重要契机。

除了线下活动，网络和视频同样发挥出媒体时代的优势，内容更加丰富精彩。例如央视打造了一系列与传统古籍保护相关的纪录片和综艺节目："典籍里的中国""书简阅中国""古书复活记"等等，让大众在光影演绎中领略中华典籍文化的魅力。

除此以外，网络上还有许多修复师们自制的短视频，通过微信、抖音、B站等平台，展示久居深巷的修书技艺。这些来自日常工作又富于创意的作品为古籍保护工作的发展开拓了更多宣传渠道。

> 睹乔木而思故家，考文献而爱旧邦，知新温故，二者并重。

这是近代编辑出版家张元济等知名人士为刊印古籍而发出的声音，也是古籍修护工作的意义所在。

古老的书籍记录书写了灿烂的民族文化。纸质文献是古籍修复中最常见到的文献类型。纸张易碎、易毁，却也易于抄印，方便携带，能四散传播。虽然历史上曾出现过数次堪称灭顶之灾的书厄，终也没有影响今日存世古籍数量之庞大。有时看似柔弱的事物，其背后却有着不为人知的顽强生命力。这是传承的力量，文明的力量，更是人的力量。

基于传统手工艺的特点，在电子科技普及的今天，古籍修

清抄本

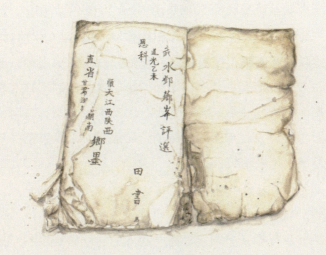

诗修

复工作依然需要手工完成。人的力量,仍然是文献修复工作中最主要的组成部分。

  说到修书,又怎能缺少修书必备的补纸呢?
  中华大地,植被茂盛,柔韧的植物生长在不知名的山野间。最初,人们采摘并加工麻类植物来织布做衣服,后又捶捣破旧的麻布衣料制成纸浆,捞浆抄纸。
  麻,为纸张的诞生开辟了道路。再后来,人们逐渐发展利用桑、构、青檀等硬杂木树皮造纸,也兼用各种草料,如稻草、麦草、芦苇等,直到加工竹料纸的普遍应用,纸张种类越来越丰富,品质也越来越精良。
  造纸术是我国古代四大发明之一,具有划时代的意义,纸张的出现打破了人们以往只能在甲骨、金石上刻画式书写的拘束。笔墨肆意挥洒在纸面上,激发起人们活跃的思维和昂扬的创造力,自此而成就我国古代异彩纷呈的文化艺术史。
  然而文明的发展必定是日新月异,吐故纳新。该替代的总要被替代,该没落的总要没落,这是历史的辩证法,任谁也无法阻挡时代前进的步伐。手工业在当今这个时代逐渐式微,是不可抵挡的趋势。超大容量存储器能够保存更多的文献资料是不争的事实,尚有许多破损古籍仍在不知名的角落里悄无声息地慢慢断烂。那么,对于超出生活实用价值以外的旧物的执着修复,意义又何在呢?
  我们了解过去,并不是要回到过去,而是要让往前的力量更有信心、根据和踏实感。在此,我想引用一段胡洪侠《夜书房》中的文字为之解说:"书中文字固然宝贵,夹在书中的签条、证件同样功能强大。没有它们,人生中的一段时光与回忆,仿佛无处锚定的小船,说翻就翻,说漂走也就漂走了……"

所有的现在都不能离开过去独立存在。签条、装帧和书中纸张记载着读书人的往事,也是属于一套书的历史。与其说我们通过修复在追寻和保存历史证物,不如说修书实际是在留存我们自己的记忆。

无论科技如何改变生活,人类都没有改变以历史为根系的成长方式。就像我们发展科学技术,享受速度和效率带来便捷的同时,也乐于给孩子们讲述遥远的神话传说。现代化生活并不妨碍我们继续传递前人对于真善美的赞颂。

记忆,是一种美感,全新的东西就少了记忆的深情,没有深厚的感情在其中。前行与怀古,二者并不冲突。就像飞行在宇宙中,用新技术、新材料打造的高精太空探测器,人们仍不忘为它们冠上古老神祇的名字:我国登陆月球和火星的探测器名为"玉兔""祝融",暗物质粒子探测卫星名叫"悟空"……它们携带着地球的信息,也携带着来自华夏民族农耕时代的记忆,这些熟悉的名字承载着仰望星空之人心中那永难忘怀的一份血脉温情。

直到今天,对旧物的眷恋依然滋润着我们的精神世界,让我们在追求理性分析与逻辑清晰的视角之外还能保有一份孩童般的纯粹与天真。

这是一份心无外物的自然之美,常见于修书人调配脱酸溶液的专注上,或用镊子细细择去补纸搭口的耐心中,在搅打的糨糊里，在修复完的书册上，在手工从业者每一分、每一秒对工作的全身心投入中。后来，人们将这种倾注于物件塑造的专注称之为"匠心"。

匠心的缔造不是一蹴而就，它蕴藏在匠人们想要臻至完美的每一处细节上，古往今来，从未改变。

斗转星移，时间如河水奔流不息，潺湲流过两千年前的汉家王土，一位名叫蔡伦的官人从水里捞出一把捶散的树皮和麻布片。明天他要为新登基的皇帝和支持他的邓太后进呈新制纸张。这些纸成本低廉又质量上乘，或许能够替代沉重昂贵的竹简与缣帛。蔡伦揉搓手中的浆料，满意地点点头。

这一年，是东汉元兴元年（105）。窗外的阳光穿过树梢，照进林间，有几丛苎麻正在林中簇簇生长，向着天空，扬起一枝扶摇的新绿。

（完）

写于癸卯年冬月雪满京华

参考文献

李涛.小麦淀粉胶粘剂在传统书画装裱工艺中的应用［J］.粘接，2011，32（04）：85

李龙如.图书保管"八防"［J］.湘图通讯.1980（4）：27

陈登宇.纳西族东巴纸新法探索［J］.民族艺术研究，2004（06）：76

周璞.纳西族传统东巴纸创制工艺论述［J］.中国民族美术，2020（01）：27

布鲁斯·丽湖.纳西族传统东巴造纸术［J］.玉龙文史，2005（23）：132

赵彦龙，姚玉婷.古代皇命文书"诏"之功用及体式研究［J］.档案，2017（09）：10

韩晓燕.清末民初"敬惜字纸"传统变迁考论［J］.齐鲁学刊，2018（04）：53

宋雪春.国家图书馆藏敦煌遗书中的古代素纸及素纸裱补初探［J］.图书馆杂志，2021，40（08）：110

唐春生，吴寰.中国古代报纸研究的回顾与展望［J］.重庆师范大学学报（社会科学版），2022，42（01）：106

孙琳园.试论明清时期的《京报》［J］.新闻世界，2009（10）：107

田婷婷.中国古代书画清洗技艺之皂角去污法［J］.文津学志，2013（00）：351

张铭.国内纸质文献脱酸研究进展［J］.遗产与保护研究，2018，3（08）：31

闫玥儿，余辉，杨光辉等.纸质文献脱酸方法研究进展：多功能一体化脱酸剂［J］.化学世界，2016，57（12）：808

徐晓静.古籍修复技艺之书页清洗去污——从参观"中国传统文化典籍保

护传承大展"谈起[J].文物鉴定与鉴赏,2019(23):76

葛瑞华.竹帘在古籍修复中的妙用[J].文津学志,2020,(第十四期):284

高寿仙.明万历年间北京的物价和工资[J].清华大学学报(哲学社会科学版),2008(03):45-62+159.

张秀玉.明清徽州刻工的生存考察[J].出版科学,2014,22(04):104-108.

史革新.江浙三阁与晚清"书厄"[J].寻根,2002(03):88

张平.关于《古籍特藏破损定级标准》的编制[J].国家图书馆学刊,2006(03):16

"中华古籍保护计划"大事记.[J].国家图书馆学刊,2014(5):104

刘世友.地契承载的丰厚历史信息[J].黑龙江史志,2015(13):63.

姚美玲.清代山西土地契约印章之研究[J].榆林学院学报,2021,31(03):4

赵俊杰,赵鹏宇.地契中地价的古今对比——中国土地契约文化漫谈之十[J].中国地产市场,2014(07):77.

张海明.土地公有:理念构想、实践修正与制度嬗变——中国共产党土地产权制度百年演变评述[J].中国国土资源经济,2021,34(09):6

马怡.书帙丛考[J].文史,2015(04):193

杜伟生.古籍修复原则[J].国家图书馆学刊,2007(04):79

李景仁.采用低温干燥技术抢救水浸图书的研究[J].图书馆学研究,1993(02):68

姚伯岳,周余姣,王鸶嘉.古籍传承性保护再认识[J].中国图书馆学报,2023,49(01):61

王良城，杨继波.中国古代档案保护方法与技术［M］.北京：档案出版社，1993.09：69

刘舜强.日本书画装潢研究.［M］北京：文物出版社，2007.12：91

曹天生.中国宣纸发祥地 丁家桥镇故事 第二辑［M］.合肥：合肥工业大学出版社，2012：185

杨建昆.云南民族手工造纸地图［M］.昆明：云南科技出版社，2005：50.

吴宝璋等.彩云之南云南（一）［M］.北京：中国旅游出版社，2015.04：242

刘仁庆.纸系千秋新考［M］.北京：知识产权出版社，2018.03：375

［德］爱娃·海勒（Eva Heller）.色彩的文化［M］.吴彤译.北京：中央编译出版社，2004.04：17

吴元新，吴灵姝.刮浆印染之魂 中国蓝印花布［M］.哈尔滨：黑龙江人民出版社，2010.11：10

［美］凯瑟琳·卡尔.美国女画师的清宫回忆［M］.陈述，陶林译.南京：江苏文艺出版社，2018：200

朱红霞.代天子立言 唐代制诰的生成与传播［M］.上海：上海人民出版社，2017：58

曾启雄.色染古韵［M］.台湾：卓也文旅景观事业有限公司.2020：226

韦力.书楼探踪.江苏卷［M］.北京：华文出版社.2020.10：112

［西］萨尔瓦多·穆尼奥斯·比尼亚斯.当代保护理论［M］.张鹏等译.上海：同济大学出版社，2012.12：140

张雪根.从《邸报》到《光复报》清朝报刊藏记［M］.杭州：浙江工商大学出版社，2014：36

李致忠.古代版印通论［M］.北京：紫禁城出版社，2000.11：110

河南省地方史志办公室编纂.河南省志第55卷出版志［M］.郑州：河南人民出版社，1995.08：149

王桂平.明清江苏藏书家刻书成就和特征研究［M］.武汉：武汉大学出版社，2018.12：67

田周玲.文献用纸保存寿命研究［M］.北京：国家图书馆出版社，2017.12：1

马淑琴.文物霉害和虫害的防治［M］.北京：科学出版社，2013.1：8

祝勇.十城记［M］.北京：东方出版社，2013.10：226

朱道林主编.土地管理学［M］.北京：中国农业大学出版社，2016.09：64

厦门市国土资源管理局.厦门房地产契约契证［M］.厦门：厦门大学出版社.2008：11.

陈红彦，张平.中国古籍装具［M］.北京：国家图书馆出版社，2012.10：32

（清）叶德辉.叶德辉书话［M］.杭州：浙江人民出版社，1998：13

孙从添.藏书记要［M］.士礼居刊，民国三年石印本

（宋）费衮.梁溪漫志［M］.上海：上海古籍出版社，1985：29.

曹之.中国古代图书史［M］.武汉：武汉大学出版社，2015.04：367

白俊峰.大宋收藏［M］.天津：百花文艺出版社，2021.03：49

倪德茂，曾琦，华礼娴.清代藏书文化研究［M］.成都：西南交通大学出版社，2022.02：189

山东省档案局编.打开尘封的记忆 第二辑 细说档案里的故事［M］.北京：中国档案出版社，2008.09：230

陈刚，赵汝轩.中国手工纸工艺与纤维分析图释［M］.上海：上海科学技术出版社，2023.1：8

于翠玲.中国书籍文化史研究［M］.北京：中国传媒大学出版社，2022.02：7

蒋勋.品味四讲［M］.南京：江苏凤凰文艺出版社，2020.5（2021.10）：97